中国旅游发展年度报告书系
Annual Development Report of China's Tourism

中国旅游集团发展报告2014
——商业思想：引领旅游集团新发展

ANNUAL REPORT OF CHINA TOURISM GROUPS DEVELOPMENT 2014

中国旅游协会
中国旅游研究院

北京·旅游教育出版社

《中国旅游集团发展报告2014》
编委会

主　　任：戴　斌　中国旅游研究院院长　教授　博士
编　　委：（按姓名音序排列）
　　　　　戴　斌　蒋依依　李仲广　宋子千　唐晓云　吴丰林
　　　　　夏少颜

《中国旅游集团发展报告2014》
编写组

主　　编：戴　斌
执行主编：吴丽云　李仲广
编 写 组：（按姓名音序排列）
　　　　　范晓良　何琼峰　蒋艳霞　李仲广　史露燕　王　旭
　　　　　吴丽云　杨宏浩　杨彦锋　战冬梅

前　言

近年来，在旅游研究不断深化的过程中，国际化、专业化、融合发展、理论总结等问题被逐渐提出来，商业思想问题也在政府工作和学术研究中有了一些研讨。例如国家旅游局在2013年年初提出全行业形成了指导旅游业发展的战略思路、方针和理论，2014年要求深入研究并推进有中国特色的当代旅游发展理论体系建设，凝聚新时期旅游发展共识。中国旅游科学年会2014年将会议主题定为"学术思想的形成与发展"。在与旅游业界交流中，发现越来越多的企业家除了关注日常业务、经营、管理等事务之外，更多地思考和探讨企业战略、行业发展，以及人口、社会、农村、互联网、出行等一般性问题。在国际交流中，我们也发现途易、迪士尼、JTB的领导人更愿意把企业经营发展放置在绿色低碳、文化传媒、青年群体的范围内。这些都给研究带来很大启发。企业家对行业、产业认识的深化，是旅游业综合功能在商业方面的一种必然体现，政府的旅游发展战略、旅游研究的学术思想和旅游企业的商业思想是相通、一致的，相辅相成。

日本企业家松下幸之助通过几十年的经营实践，积累了丰富的经验和智慧，晚年著述甚多，提出了诸多散发着智慧光芒的商业理念。他在《生活·工作·梦》一书中，提出贯穿其经营始终的一个核心思想——自来水哲学。1932年，松下电器在从小型企业过渡到中型企业的发展过程中，组织开始失去方向感。在此背景下，松下幸之助提出"把大众需要的东西，变得像自来水一样便宜"，"消除世界贫困"等思想，其思想的根源正是他对企业社会责任、社会意识和服务的看法。

旅游业发展的过程也不断面临类似的问题。中国旅游业是在创汇目标引领下起步的，通过三十多年的创新发展，已经超额完成了当初国家提出的创汇战略目标。最近十几年，随着国民大众旅游需求的推动，广大企业市场主体的创业创新及产业界对旅游业性质的认识也在不断深化。国家先后把旅游业定性为外交范畴、社会事业、创汇导向、第三产业龙头、国民经济新增长点、国民经济重要产业等，一直到最近提出的国民经济的战略性支柱产业、人民群众更加满意的现代服务业和人民群众生活水平提高的重要指标等。当前，我国旅游业正处于由封闭到开放、由微观到宏观，并向大众化中高级阶段发展的新转折时期，我们正在贯彻落实科学旅游观和《旅游法》，加快旅游业改革发展，扩大研学、老年、房车等新型旅游消费。上述产业认识的变化和深化，是国家旅游业发展战略定位适应经济社会和旅游产业发展实践的生动体现。在过去三十年的产业发展思路确定和调整过程中，我们越来越确信，旅游业的发展归根结底是要围绕老百姓的旅游需求，围绕人类实现自由行走的权利，提供越来越完善的产品和服务。

"我思故我在。"随着我国旅游企业特别是旅游集团的成长和发展，越来越多的企业家也在实践中提出富含哲理的商业思想，形成了内涵丰富的国际观、社会观、技术观、人才观、团队观和市场观等。推动旅游业的改革发展，进一步扩大旅游消费，实现老百姓和产业界的旅游梦，既需要政府创新行业发展的指导思想，也需要理论界创新学术思想，更需要广大旅游企业家通过创新形成具有中国特色的旅游商业思想体系。

我们将会看到越来越多的旅游集团运用思想的力量，更多思考全行业的发展问题，更多思考全社会的发展问题，更多思考全世界的发展问题，在战略性问题上发出机构和行业的声音。我们也将会看到旅游企业家个人和群体正以他们的创新思想，推动完善旅游商业精神文明和上层建筑体系，合作共赢，创新发展，为形成中国旅游业发展的"中国气派"，为实现个人、企业和国家的"中国梦想"，为提高旅游行业的社会地位共同努力。

目 录
CONTENTS

在 2014 中国旅游发展论坛上的讲话 ················· 杜 江 1
大众旅游时代的产业实践与商业思想 ················· 戴 斌 3

第一编　2014 年中国旅游集团发展报告

第一章　中国旅游业正进入市场主导的新阶段 ················· 2
一、旅游业正进入以国民消费为基础的大众化旅游发展新阶段 ············· 2
二、旅游市场正由资源依赖向资本、技术、创意、人才多要素驱动发展
　　转变 ··· 5
三、旅游市场主体呈现多元化发展格局 ··················· 6
四、中国正在成为世界旅游市场的一个重要组成部分 ············· 7

第二章　商业正从自发的生存导向走向自觉的社会导向 ············· 15
一、从产业链构建到新型商业生态圈的出现 ················· 15
二、从创造企业利润到创造社会影响力 ··················· 16
三、从自发的生存导向到自觉的社会导向 ·················· 18

第三章　企业家的创新努力推动商业思想的形成 ··············· 21
一、现代旅游企业家的商业观 ························· 21
二、旅游企业家的创新思想引领旅游企业发展 ··············· 26
三、城市与企业家商业思想的孕育 ······················ 40

第四章　小时代与大梦想 ····························· 50
一、我们所处的新时代为商业思想的形成提供了最坚实的土壤 ········· 50
二、科学技术的飞速发展正打破常态，推动新思想的产生 ··········· 51
三、资本的广泛介入改变了市场格局，为商业思想的形成提供了最丰富的
　　资源 ·· 52
四、年轻的创业群体正成为商业思想形成的主体 ··············· 53

第五章　世界眼光和中国气派	56
一、以国际视野为指引,用思想驱动企业发展和社会进步	56
二、主动参与全球分工,做强中国旅游企业	58
三、围绕百姓需求,坚守中国梦想	59

第二编　2014年中国旅游发展论坛实录

圆桌论坛一　商业思想与产业发展	64
圆桌论坛二　商业思想与集团成长	74

第三编　2014年中国旅游发展论坛专文

新常态下旅游企业的生存发展	陈妙林	82
大型国有旅游集团的价值取向和比较战略	冯　劲	86
新技术革命与产业创新	庄辰超	94
旅行服务企业的多元化发展	张立军	101
铂涛酒店的品牌创设与商业创新	郑南雁	110
商业思想与集团成长	刘平春	122
中国酒店业未来发展趋势	张润钢	128
商业思想与携程发展	李小平	132
打造旅游企业升级版、寻求发展新常态	陈　荣	136
商业思想与万达的旅游发展之路	徐道明	139
从媒体角度看旅游产业发展	商　瑜	144
从媒体到产业新兵	王　旭	154

附录　2014年中国旅游集团20强	156

在 2014 中国旅游发展论坛上的讲话

国家旅游局副局长 杜 江

各位与会嘉宾,同志们,朋友们:

大家上午好!

已经连续举办 6 届的中国旅游发展论坛,是旅游业界的年度盛会,而且每年研讨一个主题,既能及时响应行业的发展需求,又能够形成行业发展的风向标。当前,我国旅游业正处于改革创新发展的关键时期,本届论坛把主题定为"商业思想:引领旅游集团新成长",对此,我完全赞同。

中国旅游业这么多年的发展历程表明,成功的产业实践一定会催生出有影响力的商业思想,而商业思想的形成又必将对产业实践起到有力的推动作用。从国家层面来说,在 20 世纪 80 年代创汇导向和团队观光的发展阶段,我们提出了"政府主导、适度超前"的发展战略。接下来的 90 年代,我们把旅游业定位为"国民经济新的增长点"。近年来,我们围绕"把旅游业培育成国民经济的战略性支柱产业和人民群众更加满意的现代服务业"的战略定位,加快旅游强国建设步伐。这些提法都是在国家层面上对旅游经济运行和产业健康发展进行的战略部署。国家战略的形成,离不开产业界,尤其是在座企业家的推动。

值此我国旅游经济从大众旅游发展初级阶段向中高级阶段演化的转型时期,旅游已经成为人民群众的常态化选项。正如习近平总书记所指出的那样,旅游已经成为人民群众生活水平提高的重要指标。近年来在旅游业的创新创业大潮中,无论是传统旅游企业,还是新兴业态,都在不断探索和创新商业模式,并在产业实践中获得了很多成功经验。

我注意到一批处于行业领导地位的旅游集团,不仅在国内具有广泛的经济社会影响力,而且包括锦江、海航、开元在内的企业已经开始跨出国门,展开了大量的国际并购。携程、去哪儿、众信等一批又一批的企业,在国际国内的证券交易所上市。历史经验表明,国家旅游发展战略和人民群众对旅游休闲生活的需要以及社会资本和科学技术的推动，固然是旅游集团成长的重要因素，但商业思想更是我们从成功走向卓越的关键动力。对大众旅游时代商业思想的呼唤，不仅是旅游集团和企业家成长的需要，也是旅游强国梦想的现实要求。

同志们，朋友们，我希望通过本次会议的研讨，能够明确我国旅游发展特别是集团化成长的战略指导思想。这个思想，应该是中国的，也是世界的；是传统的，也是现代的；是经典的，也是时尚的。

我希望旅游集团的领导人能科学研判国际国内旅游经济发展的形势，理性把握人民群众特别是广大游客提出的现实要求，紧紧依靠广大员工的积极性和创造力，充分利用资本、技术、人才等核心产业要素，始终坚持旅游商业思想形成和发展的大方向。我相信，中国旅游集团有能力实现商业上的成功，也一定有能力通过一代人的努力，产生足以影响旅游和经济社会发展的商业思想，并让商业思想真正成为引领旅游集团成长的新动力。

祝论坛圆满成功！

大众旅游时代的产业实践与商业思想

中国旅游研究院院长　戴　斌

各位业界同仁：

上午好！

记得看京剧《空城记》，诸葛亮空出整座西城应对司马的大兵压境，弄两个老兵打扫城门，带两个琴童坐在城墙上，跟司马将军说：我本是卧龙岗散淡的人，是先帝爷下南阳三次请我才出山，东西征南北剿地到了今天。也算是"曾因读书经百战"，今天咱们先不打仗了，咱们抚抚琴、谈谈心吧。谈什么呢？谈谈过去，谈谈未来。中国人追求的人生境界有立功、立言、立德三个层次，哪怕是打仗这样需要理性算计和力量取胜的事情，也强调师出有名、堂堂正正、从容不迫。

商场如战场，多务实、少务虚是商业领导人的共识。在过去的一年中，曾经多次参加业界的集会，特别是年轻创业者的活动，听到最多的词就是"痛点""技术模式""商业模式""O2O（线上到线下）""尾单"等大家称之为"干货"的关键词。年轻人务实是国家之幸，也是旅游产业之幸。与此同时，我们也得承认，在产业发展和企业成长的不同阶段，商业领袖的话题是不同的。记得号称"CEO教父"的杰克·韦尔奇来中国公开演讲时，引得一时风云的企业家竞相到场。公开演讲之后的问答环节，面对商界精英的急于获得答案的"如何成为一名优秀的跨国公司管理者""跨国并购过程中如何处理文化差异""品牌国际化的推广战略"等若干"大问题"，韦尔奇的回答似乎让他们失望了：好的管理者就像园丁一样，就是修修枝叶、施肥除草，等花儿的盛开。说实话，当时读到这样的公开报道时，我也有些失望。与期待中的精彩问答和管理金句相比，这样的场景似乎更像是隔壁家的老奶奶在冬日的阳光下与邻居们拉家常。当然也可以想象成为传说中的武林盛会，一众江湖人物来到华山准备看四大掌门人的斗剑，共同期待着一场剑法纷呈、剑气四射的精彩剧情。结果倒好，老人家拈花微笑，打几句机锋，结束了。谁胜谁负？只有他们自己知道。

在这个以旅游集团领导人为服务对象的论坛平台上，我们先后讨论了资本、技术、业态、创新等年度主题，每年评出的"中国旅游集团二十强"，如杜江副局长指出的那样，已经成为"旅游产业的风向标"。即将到来的2015年是国家两个五年规划交替之年，是大众旅游从初级阶段向中高级阶段演化的关键时期，也是走向全球市场的现代旅游业的孕育期。暂且不管什么宁波府外有没有千军万马，年轻人关心的"干货"也放在一边，只想在开元大酒店里与各位富可敌国的业界新老朋友们谈谈"商业思想"这个务虚性的话题。通过研讨和对话，尽可能地让我们把这个纷繁复杂的世界看得更清楚些。

20世纪80年代，在创汇的国家战略导向下，旅游业步入了真正意义上的市场化进程。受益于前三十年的"封闭红利"，外国人、港澳同胞、台湾同胞、海外华人华侨的客源市场是现成的。加上丰富多彩的自然地理和历史文化资源，随便拿出一个地方都会让游客惊叹不已。因此，旅行社、酒店、旅游汽车公司、旅游景区等商业机构只要拿到外联权和接待资格，就不愁没有生意做。旅游企业的经理人员更多关注接待计划和服务品质，而不必关心品牌创设、市场推广、生产要素整合、股东回报、社会责任等国际同行必修的功课。90年代中后期，就是在"封闭红利"即将式微的时候，以"黄金周"为代表的公共假期制度的调整，最大限度地释放了"人口红利"，并很快把我国带进了大众旅游发展的初级阶段。与第一个红利期相比，需求引领仍然是旅游经济运行的主要特征，但是受益于市场经济体制的逐步确立和旅游领域政策管制的放松，民间资本、社会资本，以及国际资本与现代科技耦合后，大规模进入旅游业，并率先在旅行服务业的散客、自助领域和旅游住宿业的经济型酒店领域取得了商业上的成功。近年来，旅游业的创业创新正在形成一种时代性的趋势，并且沿着旅游消费的链条逐渐蔓延到旅游经济运行的各个领域和各个环节。

回顾改革开放以来旅游业三十五年的发展历程，总的感觉是"形势比人强"啊！从近期言论来看，企业家在带领所在的企业获得商业成功的同时，已经开始站在时代发展的高度总结和反思企业与市场演化、科技应用和社会发展之间的关系。"近十年来，信息技术的应用，使旅游业发生了翻天覆地的变化。原来小而全、作坊式的产业形态已经完全改变，现在已经发展到如何与移动互联网衔接的时代。"（张立军，中青旅总裁）"我们生活在一个非常幸运的时代，也许我们这个时代跟汉唐一样是一个盛世，我们可以创业、可以发财，让我们身边人生活得更好。"（季琦，华住集团董事长）"拒绝封杀同行、压榨供应商等急功近利和违背市场开放、公平竞争的行为。"（携程，官方声明）更多的企业家言论请参见中国旅游研究院提供给大家的最新报告。之所以要转述这些有代表性的言论，是因为它们代表了企业家的思想和企业的成熟度。一个只关心企业内部要素配置，只会模仿创新，只能跟着竞争对手见招拆招的产业是长不大的。当且仅当我们的产业领导者对时代有着深刻的把握，对自己所从事的事业开始哲学层面的思考，让商业思想引领企业的创新方向，中国的旅游企业才真正走向成熟，才具备影响经济社会发展、对话国际同行的资格与能力。

各位同仁，朋友们，值此大众旅游从初级阶段向中高级阶段演化的关键时期，"开放"可以说是当前旅游市场和产业格局的本质特征，也是新时期旅游商业思想形成的经济基础。

从消费主体来看，旅游与休闲消费正在成为国民大众的日常生活选项。从初步的预测结果来看，明年的国民出游率应当能够超过3次，这意味着旅游正在加速融入老百姓的日常生活。旧时王谢堂前的燕子，真的飞入了寻常的百姓人家。无论是周末的休闲旅游、公共长假的观光旅游，还是带薪休假期间形式多样的主题旅游，都不需要郑重其事作决策了。虽然"来一场说走就走的旅行"还是文艺色彩颇为浓厚的梦想，但是对于百分之九十五以上的游客而言，毕竟不再选择团队旅游。他们从互联网上获取目的地信息，从社交媒体上整理旅游攻略，然后比价、预订，带上手机和信用卡就出发了。到了目的地呢？除了若干典型的景点外，更加强调融入和体验当地民众的生活。主题酒店、民居客栈、经济型酒店、出租车、地铁、公交车、社会餐饮、商业中心、电影院、演唱会、Wi-Fi、APP、漫游宝等非标准服务，则是游客体验和分享的关键词。除了少量以山岳湖泊等自然资源和古迹文物等历史文化资源为主要吸引物的传统景区外，越来越多的城市和乡镇旅游目的地，游客与居民的边界趋于消解。当旅游成为民众异地的生活方式，在"入境、观光、团队"时代建构起来的那个封闭的旅游世界正在走向开放的体系。

从市场主体来看，在创业创新和产业融合的合力推动下，为游客服务的商业体系更是变得越来越开放。我们所讨论的旅游业一直有着约定俗成的边界，比如"六要素"——吃、住、行、游、购、娱，比如"三行业"——旅行社、酒店和旅游景区，等等。现在呢？百度、阿里巴巴、腾讯、携程、去哪儿、蚂蜂窝、谷歌、脸书、推特，以及旅游推广机构在客源地传统和新兴媒体投入的广告，与传统的旅行社一道，共同帮助旅游者完成其行前决策所需要的海量信息。过去，谁控制了外联权、谁锁定了资源供应商，谁就控制了客源，也就成为了旅游行业的主导者；而今在散客与自助为特征的大众旅游时代，谁控制了流量，谁就是旅游市场的实际控制者。在空间移动的过程中，自驾车、火车、飞机、公交、地铁、滴滴打车、百度地图等业态则为旅游者提供泛在化的交通服务，旅游大巴的司机和旅行社的导游对行程的控制已经留在历史的辉煌记忆中了。到了目的地，旅游者首选的旅游住宿设施早已经不再是星级饭店了，经济型酒店、精品酒店、度假酒店、民居客栈，或者途家网旗下的别墅、公寓都在为游客提供丰富多样的住宿选择。A级景区，特别是5A和4A级景区仍然对首次出游者和观光客有着极大的吸引力，但是我们更加关注迪士尼、环球影城、欢乐谷、长隆野生动物园、海昌中国的极地海洋世界，以及城市的公共生活和休闲空间开始吸引越来越多的国际国内游客。还有众多面向本地居民的商业零售、社会餐饮、休闲娱乐，也在向旅游消费开放。旅游业态创新的速度如此之快，以至于我常常分不清谁是旅游企业，谁是社会商业。正是出于以上思考，我越来越倾向于把所有服务于人们空间移动和异地生活的业态都称之为旅游企业。

从监管主体来看，开放也是一个不可逆转的进程。随着消费主体和市场主体的开放，旅游行政主管部门和市场监管主体必然会加入到这一进程中来。无论我们承认还是不承认，目标设定、资源开发、商业组织、要素配置和品质提升等所有涉旅环节无不经由顶层设计的传统发展观，虽然还没有完全成为过去式，但是一个多元、开放和民间自发的旅游创新时代正在到来。市场监管部门和公共服务机构必须要适应这个多元利益主体相互促进、共同发展的新常态。在一个相对封闭的体系中，在一个旅游活动和商业服务只是少数人参与的发展阶段，"政府主导"有其历史的必然性。问题是时代变了，旅游成了国民大众的日常生活，旅游供给更多地依靠资本、技术、知识和人才等非垄断要素而发展和创新。当市民社会和商业时代到来以后，如果我们继续用传统的政府主导的思想去统筹一切，包打天下，结果很可能是吃力不讨好。"让市场在资源配置中发挥决定性作用"和"更好地发挥政府的作用"不只是政治口号，而是要求政府必须从微观主体的投资和创业创新活动中退出来，把更多的精力放在旅游经济运行的宏观调控和游客满意导向的微观监管上来。对于市场主体而言，也必须重新思考和建构大众旅游时代的商业与行政的新型关系。

各位同仁，各位朋友！

展望今后五年、十年，甚至更长的时间，我国旅游业的基本矛盾仍然是广大人民群众日益增长且日渐变化的旅游休闲需求，与非均衡的产业结构且相对滞后的发展模式之间的矛盾。这一矛盾的解决，需要国家战略层面的顶层设计，更需要企业家主导的商业思想引领。

中国旅游人将一如既往地与时代同行，以商业实践务实推动"更多的国民参与、更多的品质分享"旅游梦想。这个时代是中华民族伟大复兴的时代，是中国梦正在走进老百姓日常生活的时代，也是国民休闲意识觉醒和旅游权利日渐彰显的时代。企业家和创新者固然要研究和把握宏观政策的变化，特别是港中旅、中国国旅、华侨城和首旅、锦江、岭南这样的大型旅游集团，需要自觉服务于国家战略，同时还要提倡眼睛向下，着眼于平民百姓的日常旅游需求，着眼于社区居民的福祉提升。历史已经证明，并将继续证明这样一个朴实的商业思想：民众，也只有广大民众的旅游休闲需求才是企业成长最为坚实的市场基础。由是出发，企业家应当，也可以成为人民群众实现旅游梦想和不断提升生活质量的直接推动者。中国自古以来就不缺少旅游活动，只是在绝大多数时间里，这些活动只是帝王将相、富商巨贾和文人雅士等少数人的权利，与普罗大众是无缘的。今天，旅游已经成为"人民群众生活水平提高的重要指标"（习近平，2013），发展旅游的目标就是要让更多的国民参与到旅游活动中来，享受更高的旅游服务品质。前年在布丁酒店调研时，我给朱晖和央清同志说过一句话：做老百姓享受得起的品质。当代企业家应当有这样的胸怀与格局，事实上，企业发展到一定阶段，比的就不再是资本、技术与商业模式，而是境界了。

中国旅游人将在历史的回眸中，传承和发扬中国传统商业文化中的义利观，重塑旅游从业人员的价值与尊严，特别是要给年轻人以梦想和未来。五年前，一家非常有竞争力的旅行社老板咨询我要不要上市的意见。我说，如果你是为了让自己挣更多的钱，则上市并不是必须的。因为你现在已经很富裕了啊，完全有能力让自己的后半生过得很幸福。但是你要实现从一名生意人、商人到企业家的转变，让你和你的企业变得更有价值和尊严，那么上市则是必须要走的一条路。须知，中国是一个官本位而非商本位的社会啊！几千年以来强调的"万般皆下品，唯有读书高"，读书干什么呢？"学得文武艺，货与帝王家"。经商则是不得已而为之的事情。翻开《二十四史》，除了司马迁在《史记·货殖列传》记载的几个人之外，历史能够记住的又有几人呢？胡雪岩、盛宣怀，那么多徽商，还有晋商、浙商等，不还是要弄得红顶子，依附于朝廷或者权贵吗？直接服务于旅游与旅行的机构与人员就更是如此了，"车船店脚牙，无罪也该杀"。一个直接为社会创造财富的群体却长期居于社会地位的末端，这怎么行！如果酒店老总都自称为"店小二"，都只能靠相当于某某级干部这样的补充说明来宣示自己的存在，怎么可能吸引最优秀的年轻人投入到这个行业？现在一方面是企业家发愁"大风起兮云飞扬，安得猛士兮守四方"，另一方面则是每年数以十万计学习旅游、酒店、会展的大中专毕业生不愿意在本领域就业。都是年轻人的问题吗？都是薪酬的问题吗？我看不见得。我们得让年轻人感受旅游的尊严与价值，能够看得见梦想与未来。

中国旅游人将把目光投向更为广阔的全球旅游市场，投向更为长远的未来，为人类在大地上更加自由，更有尊严地行走而持续创新。2014年注定是要在世界旅游发展历程中打上中国烙印的一年：中国出境游客首次突破1亿人次，继续保持全球最大的旅游客源国和旅游消费支出国的地位；随着经济发展、出境旅游持续增长和国家战略地位的提升，特别是旅游企业竞争力的提升和企业家队伍的成长，一定会有越来越多的旅游集团跨出国境，在世界范围内为包括中国游客在内的旅游市场提供专业的品质服务。我们已经欣喜地看到，开元、锦江、海航、万达、中坤、阳光、中国国旅、港中旅、携程、去哪儿等旅游企业已经尝试着成功地走出了国门，以全球通行的商业逻辑，在世界范围内配置要素资源。应当说，市场和商业双重意义上的旅游企业"走出去"才刚刚开始。要想成为真正的世界级企业，我们不仅要从中国传统文化和商业智慧中寻找力量，通过差异化去展示中国服务和中国气派，也要主动融入国际主流商业社会，特别是要尊重已经达成共识的商业文明和价值观。须知，没有价值观的企业是走不远的，没有商业思想的企业家则无法赢得世人的尊重和历史的记忆。

最后，请允许我代表中国旅游协会和中国旅游研究院宣布"2014年度中国旅游集团二十强"的名单：携程旅游集团、中国港中旅集团、华侨城集团、锦江国际集团、趣拿软件科技（去哪儿网）、首都旅游集团、海航旅游集团、中国国旅集团、金陵饭店集团、同程网络科技、春秋旅行社集团、岭南国际集团、杭州商旅集团、中青旅控股、开元旅业集团、万达旅业投资、海昌集团、安徽旅游集团、黄山旅游集团、景域旅游集团、众信旅游集团、银座旅游集团。

你们是中国旅游市场主体的第一方阵，是中国旅游经济的中坚支撑力量，更是当代旅游思想的创新者和践行者。让我们以热烈的掌声向上榜的旅游集团表示祝贺，并致以深深的敬意。期待你们来年取得更大的成就，发出更多的中国旅游好声音！

第一编
2014年中国旅游集团发展报告

第一章　中国旅游业正进入市场主导的新阶段

中国旅游产业的发展，正步入大众旅游和国民休闲的新阶段。"封闭红利"的结束，在带给旅游产业界阵痛的同时，需求、资本、技术、人才等多要素正推动旅游业发展步入市场主导的新阶段。旅游正在加速进入国民大众的日常生活，成为常态化的生活需求，旅游的组织方式也从早期的团队、包价、固定行程的封闭体系走向散客自主、自助、自由行的开放体系。

一、旅游业正进入以国民消费为基础的大众化旅游发展新阶段

1. 旅游市场正由封闭走向全面开放，步入大众旅游和国民休闲的新时代

中国的旅行社业态可以上溯到1921年的中国银行旅行服务部，以及1951年的华侨服务社，但是直到20世纪70年代末期，伴随着入境旅游的高速发展，旅行社才真正以独立的姿态成长为中国产业经济格局中重要的一员。新中国成立后长达三十年的"封闭红利"让大量的国际游客不请自来，当时入境旅游的主要动机是观光，并形成了北京、西安、上海、广东、桂林等若干常规线路。当时的商业接待、公共服务和社会环境与发达国家和地区相比，是相对欠完善的，入境游客更多愿意找旅行社，以团队的方式完成自己的旅游行程。那是传统旅行社的黄金时代，也是很多导游、外联和计调人员津津乐道的职业辉煌。可是没有真正经历过市场竞争的企业，就像是没有经过残酷的战争就获胜的军队。进入20世纪90年代以后，一方面是旅行社数量的快速扩张，另一方面是入境市场进入了平稳增长期，供过于求的市场态势给了旅行社变革商业模式极为难得的窗口期。以1999年国庆"黄金周"为标志的国民旅游的兴起，让旅行社产业得以分享市场基础快速扩张而来的"人口红利"。令人遗憾的是，大家已经习惯了"观光、团队、包价"的操作模式和"加点、自费、购物、回

扣"的赢利模式。没有想到的是，大众旅游和互联网时代到来得如此迅速，年轻人的旅游观念转变得如此具有革命性，以至于传统旅行社还没有反应过来，抓住航空公司、酒店和景区等供应商从垄断走向竞争的历史机遇，以互联网为代表的现代科技应用、面向追求自助旅游年轻人群体的OTA（在线旅游代理商）很快就成了市场的主流。如今，包括出境旅游在内的旅游已经成为老百姓常态化的生活方式，大众旅游正在从初级阶段向中高级阶段演化，旅游正在加速进入国民大众的日常生活。

我国国内旅游市场除个别年份外，一直保持快速增长，2009年以后国内旅游人数增长率一直保持在10%以上。除1989年和2003年增长率为负以外，我国国内旅游市场一直保持正的增长趋势（见图1-1），与我国国内经济增长相契合。

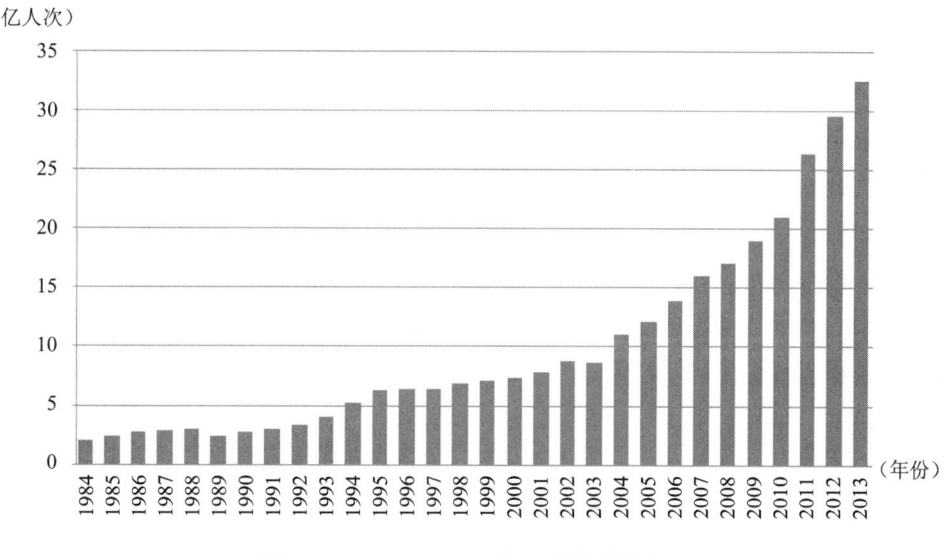

图1-1 1984—2013年国内旅游人数

最新预测表明，2014年的国内旅游将超过36亿人次，出境旅游将达到1.14亿人次，旅游消费将形成超过3万亿元人民币的庞大市场。可以预期的是，随着《旅游法》《国民旅游休闲纲要》《国务院关于旅游业改革与发展的若干意见》等法律和政策效应的显现，国民的旅游权利将得以最大限度地实现，而且旅游与旅行的方式将会更加自由，旅游将步入一个大众旅游和国民休闲的时代。

市场需求的快速释放，推动中国旅游业进入发展的快车道。自1999年国庆节第一个七天长假,也就是我们常说的"黄金周"以来,我国旅游经济运行开始步入大众旅游和国民休闲的新阶段。从消费主体来看,旅游成为老百姓的日常生活选项,"旧时王谢堂前燕,飞入寻常百姓家"了。根据中国旅游研究院旅游经济运行监测与预警课题组的预测,2014 年,国内和出境旅游的市场规模将分别达到 36 亿人次、1.15 亿人次,而入境旅游只有 1.28 亿人次。由于国内旅游没有签证、币种、语言等方面的障碍,特别是年轻一代旅游消费观念的变迁,游客广泛介入了目的地居民的日常生活空间,体验并分享当地人的生活方式。正是看到了旅游作为终端消费和增量消费,可以拉动经济增长和就业,各地政府和社会各界发展旅游的积极性持续高涨,到处都在开发景区,搞旅游演艺,与旅行社联合起来收门票。政策设计基本框架是一方面鼓励国民大众的旅游消费,另一方面鼓励各地开发资源,扩大旅游供给,甚至是超过市场需求基本面的高端业态。这一现象更多与旅游组织方式的散客化有关。2013 年,旅行社接待的游客只占到国内旅游市场份额的 4%,2014 年前三季度进一步下降为 3.1%。散客化和自由行让旅游活动不再仅仅局限于景区,城市和乡村所有的公共空间都开始最大限度地为外来游客和本地居民所共享。

2. 旅游市场需求呈现"个性、自助、休闲"特征,散客化趋势更加明显

随着旅游的快速发展,消费者对旅游的需求趋于个性化和多样化。游客更加注重"休闲、时尚、个性",更加倾向于高质量舒适享受型旅游,更加追求高品位文化性旅游产品,"休闲、娱乐、海滨、文化、生态、农家"等旅游产品需求趋旺。迪士尼、环球影城等为代表的一批主题乐园即将开业或开工建设,迎合了国内游客娱乐度假的需求。以"80 后"、"90 后"为代表的年轻人,其追求自由、自主取向的价值观和自然、自助的生活方式投射在旅游休闲活动中,一是对个性化、休闲化旅游产品的偏好更加突出;二是在出游方式的选择上更加强调"我的行程我做主",自助游特征显著。2014 年第一季度,大陆游客在境内旅游时,在客源地报名参加旅游团的比例只有 1.98%,在目的地跟团旅游者的比例只有 2%,这意味着高达 96% 的境内旅游选择了自由行。在 35 岁以下的年轻群体中,这个比例更高,旅游市场的散客化趋势更加明显。

3. 旅游市场的大众化发展推动旅游供给和政府管理由相对封闭走向日益开放

旅游业发展之初,旅游的消费主体局限于少数人,入境旅游的发展更为突出。旅游服务供给集中于少数国有或特定的接待型企业,政府管理主要局限于旅行社、接待型酒店和定点商店,市场在相对封闭的环境下运行。当旅游越来

越融入到老百姓的日常生活,游客越来越进入当地居民的日常空间,旅游服务的市场供给和公共服务也就随之从封闭走向开放了。实际上,这一进程从十年前的携程、如家等新业态的上市就开始了。旅游供给的主体开始由传统旅游企业向传统旅游企业、旅游新业态、相关行业企业并存发展,跨界、融合甚至是无边界已经成为旅游供给和产业演化的主流趋势。万达、中信、长隆、迪士尼、百度、腾讯、阿里巴巴等战略投资者,蚂蜂窝、在路上、世界邦、亚朵等成长型企业,无时无刻和无所不在的创业与创新正在一点一点地侵蚀传统旅行社、旅游饭店和旅游景区构建的产业边界。与此同时,越来越多的政府官员开始意识到"旅游目的地是生活环境的总和",更多地方不是通过旅游局扩权,而是通过警察、市政、交通、园林、文物、价格监管、环境保护等部门导入旅游意识,积极主动地围绕旅游发展目标作为方面下功夫。旅游管理的行政边界日渐消失的同时,旅游市场发展环境变得更加优化了。

二、旅游市场正由资源依赖向资本、技术、创意、人才多要素驱动发展转变

1. 从依靠"二老"资源到旅游产业要素的全面市场化

旅游产业发展之初,市场要素发育并不完善,产业发展主要依赖"二老"资源:老天爷留给我们的自然资源,如黄山、九寨沟、桂林山水等,老祖宗留下的历史文化资源,如长城、故宫、兵马俑等。一地旅游业的发展多依赖"二老"资源形成的先天性优势,发展观光旅游,以满足改革开放之初国人"到此一游"的旅游需求。随着旅游消费需求的充分释放和旅游消费观念的转变,以观光旅游为主导的旅游产品形式越来越无法满足国民大众日益变化的旅游新需求。与此同时,市场经济的发展完善进一步推动了旅游产业要素市场化的进程。从1993年的《中共中央关于建立社会主义市场经济体制若干问题的决定》,到2001年中国加入WTO,再到2003年的《中共中央关于完善社会主义市场经济体制若干问题的决定》,我们的产业要素市场越来越开放,旅游经济运行的市场要素已经基本具备。旅游产业也由传统的资源要素驱动发展时期进入由资本、技术、创意、人才多要素驱动发展的一个新阶段,在这个阶段中所有的要素,如土地、资本、技术、人才、创意等都来自市场。

2. 资本、技术、创意、人才推动现代旅游产业的发展,并成为旅游产业日益市场化发展的重要动力

现代旅游商业领域的创新发展离不开资本市场的推动,无论是经济型酒店、OTA、旅游社区还是主题公园,在它们的创新发展过程中,资本无疑是其中重要的推动力量之一。据不完全统计,从2006年到2013年,仅在线旅游领域的投融资就有30亿美元的额度,投资领域涉及打车软件、旅游类APP,旅游社区、OTA等,均是符合大众旅游需求的新兴领域。资本的介入为旅游经济体系的市场创新提供了源源不竭的动力,也为传统产业的现代转型插上了规则的翅膀。

在旅游产业市场化发展的过程中,科技应用、创新发展和人才培养起到了重要的推动作用,不仅丰富了旅游产业资源,拓宽了旅游产业的市场主体和范围,更将市场需求理念全面带入旅游业,大大拓展了旅游市场空间。旅游是劳动密集型、经验密集型产业,强调细节、绣花针功夫,但现在更需要从手工业转向工业化,进而转向技术引领。乔布斯带给我们的不仅是"苹果",而是信息时代生活方式的改变。携程的商业价值也不仅仅是给股东带来多少利润,而是重新定义了客源组织和旅游服务的模式。海航旅业也不仅仅是酒店建设、邮轮、支付卡的引进,而是让传统业界看到了新经济的力量。盯住市场的资源,而不是政府的资源来创新,是一个历史的进步。

三、旅游市场主体呈现多元化发展格局

在市场需求和资本、技术、创意、人才等多要素的推动之下,旅游市场的供给主体正从单一到多元发展。从供给角度看市场,无论在入境旅游时期,还是国内旅游发展的早期阶段,以"二老"资源(即老天爷留下的自然资源和老祖宗留下的历史文化资源)为核心的旅游要素,其实际控制人主要是各级政府、政府部门和国有企事业单位,它们是特定历史时期的产业主体。其存在无法充分体现市场在资源配置中的决定性作用,客观阻碍了市场在旅游产业发展中的作用。

国民大众旅游时期,是资本、技术和创新主导的时期,谁能够把握现实的旅游与旅行需求,并且能够发现满足这些需求的技术模式和商业模式,谁就是旅游市场的领导者。传统旅游企业在市场需求变化和竞争加剧的推动下,加快

变革步伐,以满足大众旅游者对便捷、高品质、高性价比的行前、行中、行后旅行服务的需求,逐步从狭义的旅行服务业走向广义的旅行服务业。携程、去哪儿、蚂蜂窝、途牛、滴滴打车、途家、如家、布丁等一批基于国民大众需求的企业应运而生,丰富了旅游产品的供给。社会上其他商业机构对旅游业的介入,丰富了旅游产业的供给主体,并成为旅游产业创新的重要推动力量。阿里巴巴、腾讯、新浪、百度等电商企业,万达等地产企业,兴业银行等银行类企业以及小米等电信类企业,在主业基础上进行的旅游产品或业态创新,为旅游业发展注入新的力量。这些新兴的市场主体中既有民营企业,也有外资企业,他们的出现,丰富了旅游市场主体的构成,推动旅游市场供给主体的多元化发展。

四、中国正在成为世界旅游市场的一个重要组成部分

无论是从需求角度还是从要素供给的角度看,中国的旅游市场都正在成为世界旅游市场的一个重要组成部分。中国的旅游市场的消费、产业发展正在成为全球这个大市场的组成部分。

快速增长的国内旅游和出境旅游,彰显中国庞大而坚实的国民旅游市场基础。我国国内旅游人次除1989年和2003年两个特殊年份外,均保持了人次数的快速增长,增长率基本维持在5%以上水平(见图1-2),个别年份达到20%以上的增长率,如1985、1993、1994、1995、2004、2011年等。出境旅游市场,一直保持了较快的发展,尤其近几年来。2013年,我国出境旅游人次已达9819万人次(见图1-3)。2013年,中国入境过夜旅游人数5569万人次,出境旅游人数9819万人次,国内旅游人数32.6亿人次,为中国赢得了全球第一的国内旅游市场、世界第四大入境旅游目的地以及亚太地区第一大出境旅游市场的地位。预计到2020年,中国全面建成小康社会的时候,国民人均出游率将高达4.5次,将出现58亿国内旅游人次和2亿出境旅游人次的巨大市场。《旅游法》《国民旅游休闲纲要》《国务院关于促进旅游业改革发展的若干意见》等一系列法律法规的出台,符合我国当前旅游经济运行以大众旅游为阶段特征的客观要求,将对中国旅游业的发展带来积极影响,推动中国旅游业继续保持良好的发展态势,中国在世界旅游市场上的影响力也将进一步增强。

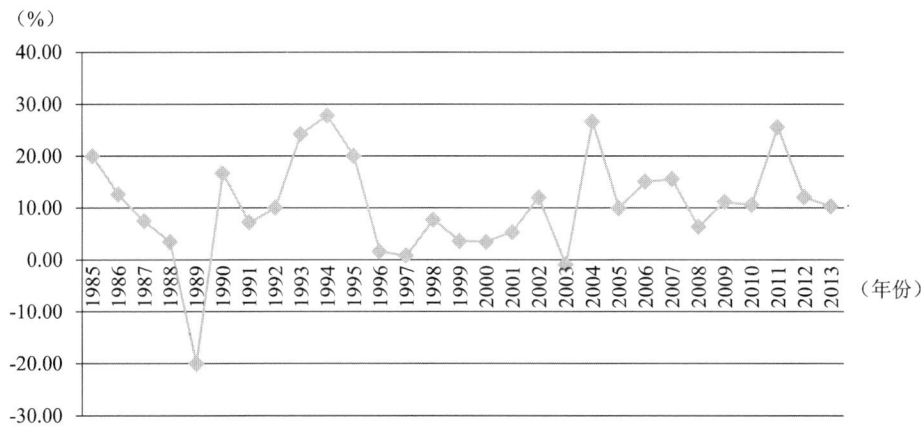

图1-2　1985—2013年国内旅游人数增长率

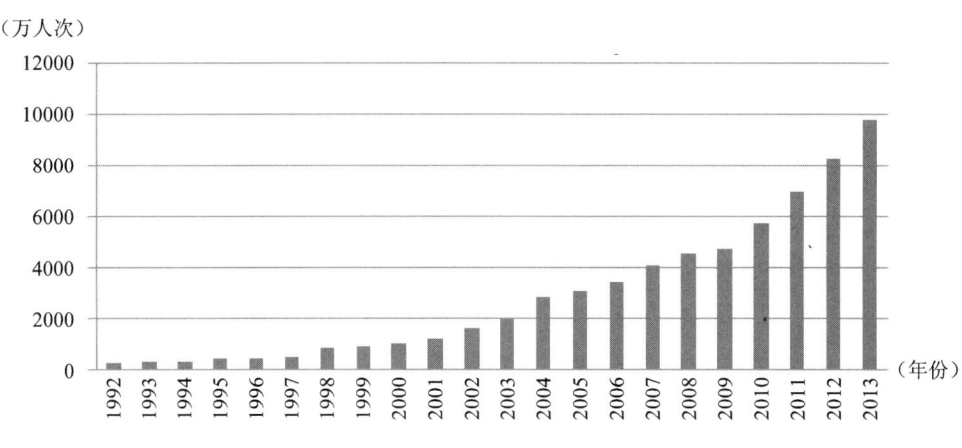

图1-3　1992—2013年中国出境旅游人数

中国快速发展的旅游经济，吸引国内外资本的广泛关注。中国旅游市场的快速发展，不仅为国内的国有企业提供了快速扩张和发展的市场基础，造就了国旅、港中旅、中青旅、华侨城这样的国企典范，也为民营资本介入旅游业发展创造了良好的机会，出现了万达、海航、春秋、蚂蜂窝这样的旅游类民营企业。同时，国际资本对中国旅游业的参与一直未曾停止，无论是希尔顿、喜来登、万豪、凯悦等国际酒店企业集团，还是日本交通公社、德国途易、美国运通等旅行类服务商,乃至红杉、淡马锡、IDG等投资公司,上述不同类别企业在中国的发展或投资,正是建立在中国旅游市场日益扩大的市场影响力之上。2013年全国旅游业直接投资达到5144亿元,其中民间资本约占到57%,庞大的投资数据充分说明资本对旅游业的青睐。

中国的旅游企业实施国际化发展战略,积极参与全球范围内的产业竞争。中国旅游业走的是一条"入境、国内、出境"的发展道路,与之相呼应,旅游企业的国际化呈现出由单向输出到双向交流,由消费市场的国际化向生产要素市场国际化的转变,境外投资的对象呈现出从单一到复合的发展趋势。

从中国旅游企业国际化发展的主体看,旅行社是我国旅游企业国际化的主力军,饭店企业紧随其后。自1990年国家旅游局专门制定了我国旅游企业到境外投资的管理规定以后,中国一些规模较大、较有实力的旅行社便陆续到东南亚和欧美国家开展跨国经营,开启了中国旅游企业国际化的道路,如中国国际旅行社总社、中国旅行社总社、香港中旅(集团)有限公司等。但旅行社类企业的早期国际化,主要以在境外设立分支机构,以进行业务联络、市场调研和宣传促销为主。国旅总社在境外设立的旅游企业主要有在日本的中国国旅日本有限公司、中国国际旅行社(日本)大阪支店、福冈支店、名古屋支店,在澳大利亚的中国国际旅行社(澳大利亚)股份有限公司,在欧洲的国旅法国股份有限公司、中国国旅德国有限公司、中国国际旅行社丹麦有限公司,在美国的华亚旅行社(主要经营到大陆和香港旅游)和在中国港澳的澳门中国国际旅行社有限责任公司与中国国旅(香港)旅行社有限公司。目前国旅总社在海外10多个国家和地区设有14家分社。香港中旅有23家分社分布于亚洲、北美洲、欧洲及大洋洲12个国家和地区,分别是英国2家、德国2家、北欧1家、法国1家、瑞典1家、美国2家、加拿大2家、澳大利亚6家、新西兰2家,另外日本、韩国、新加坡和泰国各1家。中青旅设有中国青年旅行社(香港)有限公司(100%持股)、中青旅日本株式会社、中青旅加拿大国际旅游有限公司(主要立足于在加拿大开发旅游产品)。此外,众信国旅在德国设有分公司,康辉在法国投资并占有法国康辉旅行社50%的股份,昆明国旅在泰国、湖南国旅在新加坡也进行了旅行社投资。广之旅在中国香港、中国澳门、马来西亚、澳大利亚等地设有分支机构。相较于旅行社类企业的国际化步伐,饭店类企业的国际化进程明显滞后,直到近几年饭店类企业才开始出现较大规模的跨国发展。如锦江集团、阳光酒店集团、复星集团、首旅集团、海航集团、新世界集团、万达集团等纷纷在国外投资建设或收购酒店，开启境外酒店经营模式。除旅行社类和酒店类企业，主题公园类企业的跨国经营仍处于缓慢发展中。1993年，港中旅集团成立美国锦绣中华，并在奥兰多市建设锦绣中华主题公园，虽最终因经营不善而在2003年关闭，但也为中国的主题公园类企业走出去提供了宝贵的经验。此后，2008年，华强集团在伊朗兴建方特欢乐世界，并于2009年在南非投资兴建主题公园，重新开启了中国主题公园类旅游企业的跨国经营探索。

从中国旅游企业国际化发展的过程看，旅游企业早期的跨国发展，主要集中于消费市场，近年来才转向要素市场，跨国发展的形式日趋多元，真正在全球旅游市场上开展竞争。中国旅游企业的跨国发展，早期主要表现为旅行社类企业，依托出境旅游市场的发展，通过对客源的掌控能力建设境外分支机构，扩张主要集中于消费市场。近年来，尤其是2010年以来，中国的旅游企业开始加快了跨国发展步伐，发展重心开始向要素市场转移，通过上市、投资、收购、合作等多种方式参与国际竞争（见表1-1）。

通过海外上市获取发展资金，为企业全球化扩张奠定基础。携程、艺龙、去哪儿、途牛、如家、汉庭等纷纷在美国纳斯达克上市，是国内企业海外融资扩张的代表。通过投资并购等形式进行海外扩张，在2010年前也时有发生，但频率相对较低，如2006年携程投资易游网，2009年携程正式与易游网合作，并提高持股比例。2010年以后，发生于旅行、酒店市场的境外投资、并购、合作不断增加，中国旅游企业在国际市场上的身影频繁出现。2010年，携程通过其全资子公司 C – Travel 国际有限公司，与香港上市公司永安旅游（控股）有限公司签订协议，以约合8800万美元（6.84亿元港币）现金投资永安旅游（控股）有限公司旗下的旅游业务（由香港永安旅游经营）90%的股份，以完善携程线下旅行社资源，推进携程度假旅游的发展。同年，复星集团作为战略投资者收购法国地中海俱乐部7.1%的股权，深圳新世界集团以6300万美元收购洛杉矶万豪酒店。2011年，锦江集团联合美国德尔集团，斥资3.07亿美元成功收购美国著名饭店集团洲际酒店集团全部股权，宣告锦江集团在从区域民族品牌向国际品牌的跨越上迈出了战略性的一步。同年，深圳新世界集团收购洛杉矶喜来登环球酒店资产。2013年，绿地集团投资约4.8亿澳元收购加拿大Brookfield集团的悉尼项目，改造为高层公寓和高星级精品酒店。同年，海航集团斥资2.34亿欧元收购西班牙 NH Hotels 20%的股份，开元旅业以1050万欧元收购德国郁金香饭店，君澜酒店集团以3400万澳元收购澳大利亚珀斯水边套房酒店。2014年，安邦保险集团以19.5亿美元收购美国纽约华尔道夫酒店，富华集团以1.3亿澳元收购墨尔本柏悦酒店，万达集团投资近7亿英镑在伦敦核心区建设万达酒店，阳光保险以4.6亿澳元收购悉尼喜来登公园酒店。从投资收购的主体看，地产、保险等企业开始和旅游企业一并加入到海外的旅游产业发展中。从投资并购频率看，中国企业的海外投资并购频率明显加大。据不完全统计，2014年1月至11月的酒店投资并购案已有16起。

多形式合作也是中国企业跨国发展的重要方式，其中既有饭店企业的品牌输出，也有在线旅游企业的品牌合作。如2011年锦江集团同菲律宾上好佳集团合作，输出锦江之星品牌；同年，锦江之星与法国卢浮酒店集团签署了《品牌合作框架协议》，双方各挑选15家店作为合作饭店，在各自的网站和呼叫中心为对方的合作饭店提供预订功能服务。2011年，阳光酒店集团对柬埔寨吴哥皇宫度假村输出品牌管理等。2011年，携程与印度尼西亚鹰航合作，获得"鹰航假期"品牌在中国内地的独家运营权，整合鹰航机位，以及鹰航假期在印尼当地的旅行社资源，在中国市场全面推广"鹰航假期"这一新品牌。2012年，绿地集团通过置换方式接管德国法兰克福的酒店，并以自主品牌"铂骊"命名。2014年，港中旅与西非几内亚共和国卡鲁姆酒店公司举行酒店委托管理签约仪式，建设几内亚第一家五星级标准酒店，这也是港中旅第一次在国外输出酒店管理。格林豪泰对孟加拉国的"格林联盟孟加拉国达卡世纪公园酒店"进行品牌和管理输出。通过战略合作，国内企业可借助联盟企业提升市场影响力和市场地位，还可突破贸易壁垒，较快获得市场准入资格。

无论是消费需求、资源开发、服务供给、市场主体，还是中国国内旅游市场的国际化以及中国旅游企业的跨国发展，无不表明，中国的旅游经济运行已经进入了市场在资源配置中起决定性作用的新阶段。

表1-1 2010—2014年部分国内企业境外旅游业务扩展情况表

序号	收购方	被收购方	交易类型	国家	交易金额	时间
1	深圳新世界集团	洛杉矶万豪大酒店	收购	美国	6300万美元	2010-03
2	上海绿地（集团）有限公司	绿地国际酒店管理集团有限公司	新设	中国香港	100万美元	2010-10-13

续表

序号	收购方	被收购方	交易类型	国家	交易金额	时间
3	深圳格兰云天酒店管理有限公司	格兰云天酒店管理有限公司	新设	中国香港	1万美元	2010-12-27
4	深圳新世界集团	洛杉矶喜来登酒店	收购	美国	9000万美元	2011-02
5	重庆天龙房地产开发有限公司	亚太荣康酒店管理控股公司	其他	新西兰	9998万美元	2011-03-09
6	苏州青年旅行社股份有限公司	MSU斐济旅游发展有限公司	新设	斐济	5500万美元	2011-03-30
7	广州梦都美地毯有限公司	乐浪宾馆合营会社	新设	朝鲜	310万美元	2011-04-02
8	海航集团	NH Hotels	收购	西班牙	2.34亿欧元	2011-05
9	海航酒店控股集团有限公司	海航酒店集团（香港）有限公司	其他	中国香港	1945万美元	2011-05-10
10	新世界发展	Rosewood Hotels & Resorts	收购	美国	2.3亿美元	2011-06
11	大连新型企业集团有限公司	澳大利亚阳光国际有限公司	其他	澳大利亚	5969万美元	2011-06-02
12	新世界发展	美国5家酒店	收购	美国	5.7亿美元	2011-07
13	绵阳临园宾馆有限责任公司	绿森林酒店	其他	法国	661万美元	2011-07-14
14	河南云鹤食品有限公司	埃尔丁科斯坦尼酒店物业管理有限公司	新设	德国	214.367万美元	2011-07-19
15	厦门住总建设工程监理有限公司	万景旅游有限公司	其他	英国	7.602万美元	2011-10-09
16	华天酒店集团股份有限公司	华天中国城酒店	新设	法国	1.42万美元	2011-11-04

续表

序号	收购方	被收购方	交易类型	国家	交易金额	时间
17	阳光国际商务有限公司	阳光国际巴黎办事处	新设	法国	不详	2011-11-21
18	武汉市海外旅游有限责任公司	瑞金丝酒店有限公司	新设	英国	980万美元	2012-02-15
19	阳光国际商务有限公司	阳光国际（美国）有限责任公司	新设	美国	960万美元	2012-02-16
20	阳光国际商务有限公司	阳光国际（澳大利亚）有限责任公司	新设	澳大利亚	960万美元	2012-02-16
21	阳光国际商务有限公司	阳光国际加拿大有限公司	新设	加拿大	960万美元	2012-02-16
22	阳光国际商务有限公司	阳光国际中东有限责任公司	新设	阿拉伯联合酋长国	960万美元	2012-02-16
23	华天酒店集团股份有限公司	巴黎中国城	其他	法国	6160万美元	2012-04-19
24	中国东润集团	范思哲豪华酒店	收购	澳大利亚	6900万澳元	2013
25	开元旅业集团	法兰克福金郁金香饭店	收购	德国	1050万欧元	2013-04-03
26	复星国际	温哥华岛沙尼治度假酒店	收购	加拿大	1400万加元	2013-08
27	兴力达集团	洛杉矶托伦斯市的万豪酒店	收购	美国	7400万美元	2013-11
28	首旅集团等5家中国企业联合	五星级商务酒店	投资	白俄罗斯	不详	2014-04
29	富华国际集团	墨尔本柏悦酒店	收购	澳大利亚	1.3亿澳元	2014-06

续表

序号	收购方	被收购方	交易类型	国家	交易金额	时间
30	万达集团	万达酒店	投资	英国、西班牙、美国	18.65亿美元	2014-06-07
31	香港投资公司开源控股	香榭丽舍万豪酒店	收购	法国	3.445亿欧元	2014-06-18
32	港中旅	维景酒店	合资	几内亚共和国	6800万美元	2014-08-06
33	住友酒店集团	布丁酒店好莱坞环球影城店	新设	美国	不详	2014-08-08
34	香港激成投资	纽约索菲特酒店	收购	美国	2.73亿美元	2014-08-14
35	安邦保险	华尔道夫酒店	收购	美国	19.5亿美元	2014-10-06
36	锦江国际	卢浮酒店集团	收购	法国	12亿欧元	2014-11-12
37	阳光保险	悉尼喜来登公园酒店	收购	澳大利亚	4.6亿澳元	2014-11-21

第二章 商业正从自发的生存导向走向自觉的社会导向

我们正处于一个前所未有的黄金发展期,也处于一个旅游商业机构大有可为的战略机遇期。经过了35年的培育,特别是最近十几年的发展,中国的旅游产业中已经形成了一批有竞争力和影响力的商业主体。这其中,既有国旅、港中旅、中青旅、华侨城、开元、锦江、首旅、岭南、海航等传统型旅游企业,也有携程、去哪儿、同程、景域、途牛、如家等以创新为主导,符合时代发展需要的新型旅游企业,还有希尔顿、万豪、雅高等海外旅游企业,他们和中国本土的旅游企业一起,构成了一个生机勃勃的商业生态圈。

一、从产业链构建到新型商业生态圈的出现

在国民旅游大发展的背景之下,旅游产业正经历着巨变,旅游商业生产环境面临解构和重构的过程。旅游商业主体,尤其是旅游集团,正经历一个由关注自身利益最大化到关注利益相关者之间利益协同最大化的转变,由早期的做买卖阶段向寻找更大范围内社会影响力的新阶段转变。传统的旅游商业圈中,企业以产业链为联结,通过分别占据产业链条的不同环节形成业务上的交集和利益链条,上下游之间形成供需关系,各方之间既有业务上的协同,又会产生销售价格和生产成本之间的博弈,企业追求的是自身利益的最大化。链式的商业关联形成的是单向的利益链条和相对封闭的经济模式。在互联网时代,传统的经济模式正在发生变化。以淘宝网为代表的阿里巴巴集团,以互联网技术和信息技术为支撑,打造了一个由淘宝网、个体商家、企业商家和消费者共赢的网络平台,开启平台开放型经济模式,推动新型商业生态圈的出现。正如阿里巴巴创始人马云在2014年11月20日所举行的世界互联网大会上所说:"做任

何生意,必须要想到三赢,客户赢,合作伙伴赢和企业自己赢。任何一方的利益无法保障,生意就无法继续。"新型商业生态圈的建设,是企业发展社会导向的体现,更强调商业生态圈内的共生、共赢、互生和再生,是开放型的利益共同体。

新型商业生态圈平台的打造不是闭环,而是开放平台,这个平台是圈层,会无限延展,延展的过程中,利益相关者会相继进来。所有的利益相关者共同把平台的价值做大,同时每一位利益相关者的自身价值也会因此水涨船高。在这个开放的平台上,不同的企业提供不同的资源,供平台上的所有参与者使用,可以有效地提高资源的利用率,减少信息不对称。同时,平台可以预留很多的接口,吸纳中小企业加入进来,实现企业间的共生、互生,带动中小企业的发展。在共生、互生过程中,形成企业的再生能力,滋生出新的商业生态圈,从而保持商业生态系统的可持续发展。

以携程为代表的旅游电商能够快速发展,原因之一就是通过搭建平台,开放系统,利用先进的技术手段,实现供给和需求间的信息对称,把很多企业闲置的资源整合起来。在降低企业资源浪费的同时,优化了企业间资源,降低了整个社会资源的消耗,从而提升旅游业界的生产效率和经营绩效。去哪儿、途牛、欣欣旅游、滴滴打车、蚂蜂窝等众多旅游电商,走的大多是开放平台,资源共享,合作共赢的路径。

互联网时代下的新型旅游生态圈的建设就是要整合资源、实现优势互补和合作共赢。整合资源是要把各方的优势资源整合在一起,每一个利益相关者都可以借助其他企业的优势资源,弥补自身短项。把线上企业的流量和线下企业的资源、产品、服务形成互补。线上企业擅长做流量,能把客户吸引过来,但旅游是一个体验性的行业,线下的体验必不可少,因此需要传统的线下企业来实施,互补才能实现最终的共赢效果。共赢是在把整个蛋糕做大的基础上,无论是线上还是线下,无论是核心企业还是利益相关者,最终能够从做大的蛋糕中获得他们自己的利益。在企业各自利益实现的同时,整个商业圈,乃至社会的利益也得以同步实现。

二、从创造企业利润到创造社会影响力

在步入相对稳定的发展阶段后,越来越多的企业会进行战略转移,由发展

之初的强调利润到发展稳定之后的领域、业务、区域扩张，寻求更大范围内的企业社会影响力。通过上市、并购、合作、直接投资等多种方式不断扩大企业在区域性、全国性、全球性市场上的影响力，为企业发展创造更加广阔的空间。

上市是旅游企业获取战略发展资金、扩大社会影响力的重要途径之一。通过上市进行融资，为企业后续战略发展提供充裕的资本保证；同时，引进科学的公司治理制度，提升公司管理水平，为公司后续发展提供管理保障。截至2014年年底，我国旅游类上市公司已达111家。其中，锦江股份、中青旅、首旅酒店、中国国旅等在国内上市，携程、去哪儿、艺龙、途牛等在线旅游公司以及如家、汉庭等酒店类公司在美国上市，锦江酒店、香港中旅、香格里拉等旅游企业在香港上市。上述企业在国内外的顺利上市，进一步扩大了其在中国境内及全球的影响力。

竞争的加剧促使旅游企业不断变革，通过战略联盟、构建合作网络等多种方式加强合作，以强化企业在市场上的整体竞争力和影响力。海航旅业通过合作拓宽业务领域，强化已有业务的竞争力。与香港瑞辰投资公司等公司合资成立国内首家FBO公司，即中瑞公司，用以提升海航在公务机市场上的竞争力。与中国光大银行签署电话分期支付旅游业务协议，与宁波国骅商务包机有限公司、IBM集团以及派斯体育签署合作协议，与万事达战略合作打造旅游金融商业模式，与Sabre公司战略合作，就海航酒店集团官网预订引擎及GDS连接方面进行合作，加深国际化进程。开元酒店集团与西藏国际旅游集团合作，签约开元拉萨酒店，开启西部市场；与美国江森公司战略合作，探索开元系列酒店高效节能产品和解决方案，提高酒店能源效益。中青旅与耀莱集团合作，依托耀莱旗下的劳斯莱斯工厂和瑞士手表工厂等，研发高端旅行产品。景域国际旅游运营集团与"票管家"合作，实现产品销售方面的合作。

直接投资不仅是传统旅游企业扩展业务范围，提升竞争力的重要方式，同时也是非旅企业进入旅游业的手段之一。传统旅游企业通过直接投资，拓展企业业务范围。如开元旅业投资长兴水口天地度假区、缙云仙都黄帝温泉谷旅游综合体等项目，开拓度假市场。携程投资订餐小秘书、太美旅行、途风旅行网等。

非旅企业通过直接投资，快速抢占旅游产业发展机遇，在旅游领域占有一席之地。以地产为主要业务的万达集团，近年来实施转型发展，并将旅游作为重要的业务进行推进。万达集团通过大手笔的投资，实现企业对旅游产业的快速介入。如 2009 年，投资 200 亿元建设长白山国际度假区；2011 年和美国弗兰克·德贡公司成立合资演艺公司，投资 100 亿元打造 5 台舞台秀；投资 500 亿元建设武汉楚河汉街，2011 年开业；2013 年投资近 7 亿英镑在伦敦核心区建设超五星级万达酒店；投资 500 亿元建设青岛东方影都；2014 年投资 400 亿元建设南昌文化旅游城。在雄厚资本的支持之下，通过直接投资，以实现在旅游领域的跨越式发展。电商三巨头 BAT，均通过投资介入旅游产业发展。如百度战略投资去哪儿等，腾讯投资艺龙、滴滴打车等，阿里巴巴投资在路上、佰程网、穷游网、快的打车等，为企业在在线旅游、大数据、签证、打车等方面进行布局。

借助并购手段，企业可以突破行业壁垒进入新的领域，降低投资风险，利用被并购企业的经验和品牌效应，实现并购者在某领域或某区域市场的快速扩张或突破。通过并购，实现全球扩张是众多旅游集团发展中的常用路径。如，2011 年，海航收购 NH Hotels 公司 20% 的股权；2012 年万达集团并购美国 AMC 和 2013 年并购英国圣汐游艇公司；2013 年，开元旅业收购德国法兰克福市的郁金香饭店等。通过并购，涉足不熟悉的领域，实现企业在产业链上的布局。如万达收购湖北、北京等城市的 9 家旅行社、阿里巴巴收购高德地图和文化中国等。通过并购，强化企业在本领域的市场占有率和竞争力。如 2012 年如家酒店集团收购 e 家快捷酒店，2014 年收购云上四季酒店。2014 年布丁酒店收购南京金一村连锁酒店，欣燕都收购石家庄雅客怡家快捷酒店，锦江都城收购城市客栈等均属此列。

三、从自发的生存导向到自觉的社会导向

旅游商业主体目前尚处于从自发的生存导向到自觉的社会导向的转型进程中，跟世界一流的企业，如迪士尼、JTB、途易这些机构比，跟中国的联想、阿里巴巴、中石化、中石油这些大企业相比，旅游类商业机构的发展还相距甚远。

正如阿里巴巴创始人马云所言："旧的商业文明时代即将过去，世界在呼唤新的商业文明。"旧的商业文明时代就是企业以自己为中心，以利润为中心，创造最高价值，希望能够获取更多的利润，而不是以社会为中心。21 世纪需要的企业是在新的商业文明下，在新的环境下，重新思考企业与社会的关系，与环境的关系，与人文的关系，与客户的关系。世界需要的，是更懂得开放、更

懂得分享、更懂得承担责任、更懂得全球化的公司，把社会需要作为中心的社会型企业，是来自于社会，服务于社会，对未来社会承担责任的企业。

旅游企业在发展过程中，也在经历着转变，越来越多的旅游企业以社会需求为核心开发旅游产品，开始关注社会公益和慈善事业，关注环保和社区，对未来社会的发展主动承担责任。无论是7天、锦江之星、布丁等经济型酒店，还是在路上、蚂蜂窝、穷游网等在线旅游企业或社区，以及滴滴打车等生活应用型软件，其出现无一不是针对了最普通消费者的最基本需求，是对企业服务社会的最好注解。

企业在发展的同时，积极参与社会公益事业，是全球众多优秀企业的共同特征。中国企业的公益事业才刚刚起步，但一些旅游企业已经积极投入社会公益事业中，主动承担社会责任。如海航集团自2004年7月在青海省正式启动"海航——青藏高原十年光明行"活动以来，先后在国内外17个地区和国家为贫困白内障患者进行了复明治疗，截至2013年年底，"海航光明行"已治愈近4800名白内障患者。此外，通过举办"海航慈善之夜""海航公益力量"等公益活动，调动社会资源共同参与社会公益事业。近年来，海航集团在绿色环保、教育援助、扶贫救困、医疗援助等方面开展了25项公益项目，累计捐款、捐物8.5亿元，较好地践行了海航集团"为社会做点事，为他人做点事"的发展理念。大连万达集团积极回报社会，在抗震救灾、扶贫济困、教育文化方面以各种方式予以资助，过去的22年中，万达集团和王健林个人对社会各项慈善公益捐助累计超过27亿元。中青旅在2012—2013年，结合旅游行业特点，启动了一系列创新公益实践，如针对视障朋友的"盲人听海项目"、针对乡村教师的"梦想旅行团"、针对打工子弟小学的"认知身边的城市"、针对城市儿童的"世界文明公开课"、针对大中学生的"JA事业起航工作坊"等，通过各种途径，让更多的人分享旅行的快乐。国旅集团与中国青少年发展基金会联合设立"中国免税·希望基金"，从免税品各供应商、免税品购物客人和各参控股免税店募集善款捐建"希望小学"。

新兴旅游企业虽然大多成立时间不长，但很多企业在发展时不忘企业的社会责任，积极投入关注社会发展的公益事业中。如携程在14所大学设立的"阳光助学金"，以及发起的"携程林""携程希望小学"等公益活动。途牛的"关注留守儿童公益项目"，与壹基金联手援建贫困地区的壹乐园。布丁的环保酒店理念和为"免费午餐"杭州活动提供免费客房公益活动。风靡全球的"冰桶挑战",也得到旅游企业界的广泛支持,铂涛酒店集团联席董事郑南雁、尚客优城际创始人马英尧、开元旅业集团董事长陈妙林、港中旅酒店有限公司孙武等纷纷参与,关注并支持渐冻人项目。如家打造公益品牌"幸福如家",开设"公益志愿之家"为公益旅行提供帮助。

虽然国内的旅游企业已经开始意识到企业发展的社会导向和社会责任,想要参与更为广泛的社会活动,但受企业自身发展阶段的限制,大多仍处于企业发展的中级阶段,还没有到达企业发展的最高级阶段,即不再以追求利润为唯一目的,而是更强调追求社会效益和社会公平,把促进社会发展作为企业发展的重要目标。距离这样的阶段,我们的旅游企业还有很多需要努力的方面。虽然中国的旅游市场已经建立起一批商业主体,它们也正在行业内和国际范围内产生影响力,但这些商业主体在社会导向上仍处于现在进行时。大型企业中的创新还只是局部性的、策略性层面的,小企业的创新非常活跃,但发展路径尚不明确。在社会导向上,我们既有的大企业,应该负担的社会责任还没有负担起来;我们的小企业,虽然有承担社会责任的意愿,但受发展阶段所限,所能做的还非常有限,与国内外的知名企业相比,旅游企业还有很大的努力空间。

第三章 企业家的创新努力推动商业思想的形成

在《新教伦理与资本主义精神》中，韦伯指出："透过任何一项事业的表象，可以在其背后发现有一种无形的、支撑这一事业的时代精神力量；这种以社会精神气质为表现的时代精神，与特定社会的文化背景有着某种内在的渊源关系；在一定条件下，这种精神力量决定着这项事业的成败。"企业家，正是某一事业背后精神力量的所有者，而不是简单的职位或头衔。阿里巴巴创始人马云曾对企业家进行解读，他认为企业家是能够影响社会、创造财富的人，赚钱只是企业家的基本技能，而不是全部技能。虽然中国有很多的生意人、商人，但企业家依然是稀缺资源。在中国旅游产业的发展中，基于满足社会需求的努力和持续创新的冲动，出现了一批具有社会责任感和影响力的企业家，他们总是不安于现状，总是把眼光投向市场的深处和不可预测的未来。

一、现代旅游企业家的商业观

中国的旅游产业正经历着急速的变革，社会的转型发展为企业发展提供了机遇，同时也对商业思想的形成产生了极大的推动作用。商业社会的种种挑战，也成为催生商业思想的基石。在此背景之下，旅游企业家的商业观念也被贴上了时代的烙印，具有很强的时代特点。

1. 国际观

《纽约时报》专栏作家托马斯·弗里德曼在《世界是平的》一书中提到，现在的社会必定抵挡不了全球化的浪潮，全球化的趋势是不可阻挡的。他用一句话来概括他的新的世界观——世界是平的。全球化趋势下的中国旅游企业家，他们对旅游企业的国际化发展大多持有相似的看法，企业发展到一定程度后的国际化，已经为许多企业所践行。

国际观既包含了旅游企业在发展中应积极参与全球竞争，在世界旅游舞台占有自己的一席之地，提升企业的全球竞争力。2001年，时任华侨城集团CEO兼总裁的任克雷在接受采访时说："在中国加入WTO以后，企业的竞争已不仅仅是国内企业之间的竞争，更多的是要参与跨国公司的竞争。对于中国的国企来说，市场的竞争、技术的竞争、产品的竞争还是表面的，实质上是企业体制和机制的竞争。体制竞争的胜败又直接取决于人才能否留住。华侨城集团公司作为一个国有企业，面临着很大的紧迫感。若我们在体制方面不加快改革、与国际接轨的话，就会处在非常被动的局面，我们将可能面对作为国有资产最重要的一部分——人才的流失。去年，华侨城集团实施了科尔尼管理咨询公司的改革方案，在组织架构、激励机制、管理流程等方面进行了较大的调整。我们希望用国际的眼光来看中国国企今后在世界市场的战略地位和发展前景。"开元旅业董事长陈妙林董事长认为，走向国际市场，是开元发展的需要，也是开元扩大品牌知名度和影响力的必然选择。他提出，中国本土酒店必须要走国际化，因为国际酒店的品牌具有悠久的历史，都有中国本土品牌酒店或者民族品牌酒店值得学习借鉴的地方。

国际观也是旅游企业家对企业发展的一种战略思路和发展视角。如家酒店集团CEO孙坚在提到企业国际化时说："有人说全球化、国际化成为世界品牌一定要走出国门，这个话也对，但是不一定。我们的观念是国际化、全球化并不一定是你要出国，而是说你如何做好做强这个市场，同时引入全球化的管理理念、服务的理念去管理好你的公司。"海航旅业副董事长韩立新说："出境游的发展不会天然地推动中国旅游企业'走出去'，要想真正'走出去'，少不了国际化的视角和全球化的布局，要与更多世界级旅游集团展开合作，运用其成熟的业务体系弥补自身不足。"

2. 社会观

企业家对社会意味着什么？在《如何改变世界》一书中，戴维·伯恩斯坦写道："他们是那些为理想驱动、有创造力的个体，他们质疑现状、开拓新机遇、拒绝放弃，最后要重建一个更好的世界。"无数的企业家正以社会需求为己任，用他们自有的商业或非商业的方式回报社会，承担社会责任。

如家酒店集团CEO孙坚说，作为企业来说，我们认为使命是通过员工的付出服务了宾客，通过宾客的满意来得到股东的回报，通过员工和伙伴之间的合作共同创造了价值，同时股东得到了回报，股东得到了回报就会投资建设更多的酒店，同时给予员工更多的发展机会。这是我们说的内循环，但是企业其实还是社会的一个组成部分，有它的责任，就是如何去把企业的社会责任做得更好。纳税是我们应该做的，更多的是我们在绿色、低碳、环保，包括我们在经济酒店本身，我们在节能方面，在慈善这一块都做了很多工作，其实我们今天在营造的氛围，也是我们一直有的服务氛围，我们认为通过这个氛围的营造是可以让人更加轻松。我们是希望能够通过这种文化的倡导，能够让我们自己的员工和我们的客人共同营造更加和谐、宽泛的社会环境。我们不一定要做到多大的规模，但是我们要有基本的道德准则，因为企业都是希望持续做大。在做大的过程中，我们的文化，我们的价值取向确实是成为未来可持续发展的一个非常重要的关键点。首旅集团董事长段强认为，国企是国家经济的脊梁，不管是经济责任、政治责任还是社会责任，都要勇于担当。所以，追求利润最大化不是国企的首要目标。当然，这不等于说国企经营可以不考虑利润。国企的利润追求应当具有长远的视野，要让产业持续性发展，要有做百年老店的事业心。

3. 技术观

科学技术的发展极大地推动了人类社会的进步，推动人类文明发展，影响并变革着人们的生产和生活方式。人类历史上的很多革命性的进步，都与科技的推动有着密不可分的关联。科技的发展与旅游企业的创新密切结合，也对旅游企业家们商业思想的形成起着重要的推动作用。

技术的发展可以推动企业的创新，同时也会形成企业独有的竞争优势。去哪儿网首席执行官庄辰超认为，一个公司本身是一段代码，这段代码可能并不一定是程序，可能是商业的技巧，也可能是跟其他公司的合同，本身合同就是一个代码，只不过它是由法院来执行的、由人来执行的。所以公司之间的竞争，最后如果一个公司要长期得到发展，最终必须是你的特殊性，无论是在商业环境中它所提供的服务和它的技术特殊性，这是从整体的宏观角度来讲。但是往往商业上的一些合同和条款，相对来讲比较难获得独家的优势，技术是一个比较容易获得一定程度上独家优势的一个方向。除非有一些你能够锁定特殊的合同，或者你能够锁定一些特殊的用户或者特殊的客户，剩下的就是技术，所以技术是创造独特竞争优势的手段，并不是唯一的手段。对于互联网的业务来讲，基本上我觉得技术会有非常非常重要的作用，大家看到说没有技术壁垒的公司比较容易被其他公司复制除了技术以外的所有特点，但是有了技术相对来讲壁垒会很高，这是我的看法，但是不是唯一的，更不是制胜的。中青旅控股股份有限公司总裁张立军认为信息技术对旅游业的影响非常之大,"10年来,信息技术的应用,使旅游业发生了翻天覆地的变化。原来小而全、作坊式的产业形态已经完全改变,现在已经发展到如何与移动互联网衔接的时代。信息技术在推动旅游业变革和升级中起到了不可替代的作用"。

4. 人才观

美国传奇商业家,克莱斯勒汽车公司总裁艾柯卡对人才给予高度重视,他说:"一切企业经营归根结底就是三个词:人才、产品和利润。没有了人才,后两者都无法实现。"同时还说:"我在设法寻求那些有劲头的人,那些人不需要太多,有25个我就足以管好美国政府,而在克莱斯勒我大约有12个这样的人。"

中国的旅游企业家同样把人才作为非常重要的企业资本和发展核心。首旅集团董事长段强说:"对于服务业来说,人不是成本,而是资本。服务业的实业不是厂房、不是设备,是人。创建'中国服务',不仅需要出色的企业管理者,同时更需要各个岗位的行家里手。"首旅集团在解决优秀服务人才方面采取了高水平的培训培养和全方位的员工激励相结合的模式。一方面,通过科学专业的培训体系让员工掌握所从事服务工作的知识、技能,保证所提供产品的品质。另一方面,首旅集团正在研究出台鼓励专业人员发展的系列制度,不断强化专业崇拜的氛围,使那些在自己岗位上潜心钻研而做出成绩的能工巧匠,持续在专业岗位上有所建树,同时也能够享受到与职务晋升者同样的荣耀、待遇。住友酒店集团COO史央清提出,酒店品牌健康发展需要人才、系统和资金等多方面的支持。因为国内连锁酒店发展只有短短的十余年时间,具有连锁创新精神的专业人才是布丁特别渴求的。前中青旅控股股份有限公司首席执行官蒋建宁曾说:"企业的发展关键在人,发展首先是人的发展,是人的素质的综合提高和全面进步。一个企业如果没有一批成功的人士,就不可能有成功的企业。成功的企业要让员工从企业发展中受益,在企业发展中推动个人的提升和发展。在企业里,经营班子要去发现、培养、支持有价值的人,善待有价值的人,要给他们搭建舞台,创造发展空间,但有一点绝对不能给,那就是特权。"前华侨城集团董事长任克雷对企业人力资源也给予高度重视,他说:"资源是企业发展很重要的一个条件,但是资源,特别是像这种物质的资源,对于今后企业发展的限制会越来越淡化,将来企业真正的发展资源是人力资源,是智力的资源。"

5. 团队观

20世纪30年代中期，松下幸之助在公司内提出七个指导性精神：品质、公正、团队合作、努力工作、谦逊、社会意识、感恩心情。松下幸之助从日常领悟出发，坚持不懈地与员工沟通，由此强化公司团队的凝聚力，并使其在每个工作环节中得以落实，强大的团队凝聚力，是当年松下电器企业发展的重要推动力量。

国内的旅游企业家在发展中，同样对团队都给予了高度的重视。同程网CEO吴志祥对团队的重要性给予了极高的评价，他认为："在线旅游没有商业模式，竞争的核心就是团队！""我相信，不管是在线旅游，还是任何一个企业，最终的竞争都是团队的竞争！"

6. 市场观

市场需求的变化，是商业变革的重要机遇，同时也是商业思想形成的良好土壤。在急速的市场变革中，快速捕捉市场讯息并提供相应的产品或服务，是企业家们的本能。

如家酒店集团CEO孙坚说："一个创业企业在成长期中还是应该非常专注，要把自己擅长的东西做得淋漓尽致，做到这个市场的极大化，这样才有空间发展。""我们为什么要关注新的产品？我关注新的产品完全来自于顾客，五年前或者两年前如家的顾客今天已经从原来的一个基础员工到了经理，已经到了总监，他喜欢如家还住在如家，他和我们说，如果你有很好的产品我还住你的酒店，我可以花更多的钱。我们研究产品是不是做多品牌？是不是做细分市场？坦白说不是行业要做，不是因为谁要做，不是我孙坚要做，而是顾客要做。如果今天我们的顾客确实有这样一个需求的话，如家一定会去适时推出新的产品，满足我们顾客的需求，这是最主要的。不是说我们做酒店的人应该把品牌做得很多，用做酒店人的眼光认为我是多么丰富，因为对客人来说没有意义，你还没有成为一个品牌，还没有成为在顾客心目当中能够非常忠诚或者喜爱的品牌。你做任何东西跟人家单做一个有什么区别？其实没有区别。"华住酒店集团董事长季琦在谈到自己十年成功创办3家公司时说："这是我做了三个企业，十年，我总结的为什么行，不是季琦行，不是季琦是天才，是这个市场好。"在总结个人成功经验时，他说："我觉得自己凭什么能够取得这些小的成就呢，想了半天我觉得是两个因素。第一个我觉得是叫体制红利。中国的国企和全民所有制使中国的服务业非常落后，我们只知道国外的酒店。高端酒店的话没有中国的企业,也无法跟外国的品牌竞争。低端品牌的酒店正是如此,这种僵化的体制和非市场化的体制给了我们很多的机会。第二个叫市场的红利,全球没有一个地方像今天的中国一样,有这么多具备非常旺盛的消费人口,包括印度目前也没有超过中国,将来可能会超过中国,如果实现计划生育的话。这么大的一个市场我们来为这个市场服务,包括酒店这一行,这是我们前所未有的,这使我这样的普通人,靠自己的努力和团队的合作能够创立三个企业,照熊总说世界上没有,这不是因为我们能干,而是因为我们生活在今天的中国。几年前我提出中国服务的概念,中国制造的时代已经过去了,中国创业的壮大都集中在中国服务这个领域。"前中青旅控股股份有限公司首席执行官蒋建宁在提到市场时曾说:"就中国旅行社行业而言,我们觉得缺的不是市场,是缺一个赢得市场的能力,我们没有权利抱怨这个市场,中国的市场还是潜力无限的市场。关键就是我们产品同质化,服务同质化,所以我们唯一的法宝就是降价。可是当一个行业价格成为一个主要的,甚至单一的竞争手段的时候,这个行业的发展实际上是堪忧的。"

二、旅游企业家的创新思想引领旅游企业发展

中国的旅游企业家群体大致可分为两大类:第一类是从传统业态成长起来的企业家,如来自港中旅、国旅、中青旅、开元旅业等集团的企业家,与他们所对应的,是传统旅游企业;第二类是基于市场创新而成长起来的一批企业家,如携程、去哪儿、如家、华住等集团的企业家,与此相对应的,是新兴旅游企业。从企业家的构成看,中国的旅游企业家正在进入一个多元化成长的新阶段。

(一)传统业态成长起来的企业家:制度约束下的创新者

传统旅游企业,其中的佼佼者已经发展为规模巨大的旅游集团,它们的发展既要解决企业日益壮大后而产生的市场触觉的退化,解决"大企业病"所带来的效率低下、决策时间长等问题,同时也要应对市场变化后新的竞争对手的挑战,国资背景的企业发展还要面对体制带来的种种约束,企业家更是需要"戴着镣铐跳舞",在体制范围内做最大限度的创新。

1. 中青旅的创新发展之路

中青旅集团隶属于共青团中央,其前身是中国青年旅行社。1979年11月16日,全国青联旅游部成立,1980年6月27日,国务院正式批准中国青年旅

行社成立。自此,中青旅与更早成立的国旅、中旅并称为中国的三大旅行社,在中国的旅游产业发展中一直发挥着无可取代的地位和作用。1997年,中青旅集团作为主发起人,通过募集方式设立中青旅股份有限公司,于当年12月3日正式在上海证券交易所上市,成为我国旅行社行业首家A股上市公司。此后,在蒋建宁、张立军等的领导之下,中青旅开启了创新发展之路。从1998年到2009年,中青旅的营业收入除个别年份(2003、2010、2013)受自然、投资等原因影响出现下滑外(见图3-1),其他年份均保持了持续增长。营业收入年增长率除前述三个年份降为负增长外,其他年份除2008年,都维持了20%以上的增长率,个别年份甚至高达59%(见图3-2)。净利润在2003年探底,2008年、2010年小幅下滑外,整体保持了稳定增长。

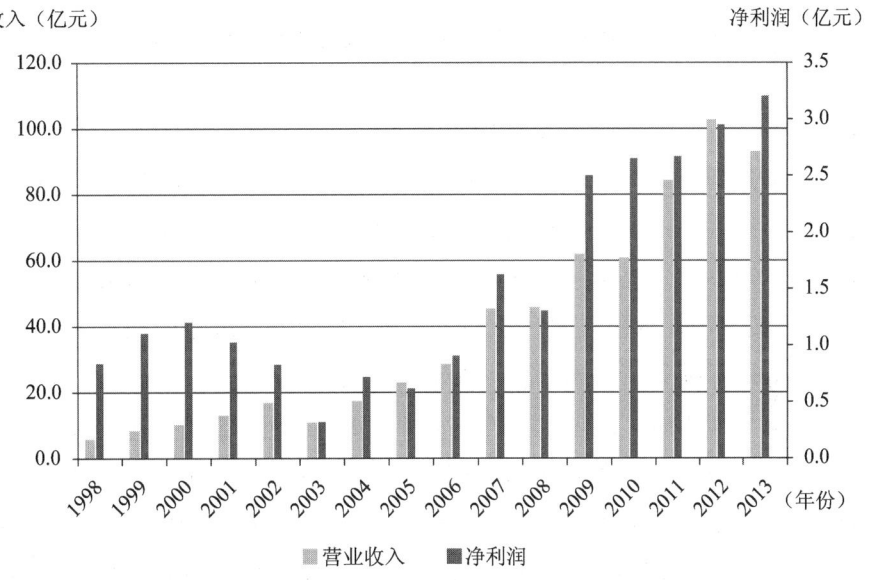

图3-1 1998—2013年中青旅营业收入和净利润

经过十几年的发展,中青旅已由上市之初的旅行社主业加高技术副业的业务结构,调整为旅行社为主干,景区和酒店为两翼的大旅游产业架构,进一步强化了中青旅的旅游主业,并把它做大做强。

首先,通过市场化改革打破发展障碍,围绕市场需求进行产业布局,实现业务的持续增长。1998年,蒋建宁提出新客轮旧船票理论:"今天上市,你们有感觉吗?你们还坐原来的办公室、还做原来的事,对吗?说什么脱胎换骨了。

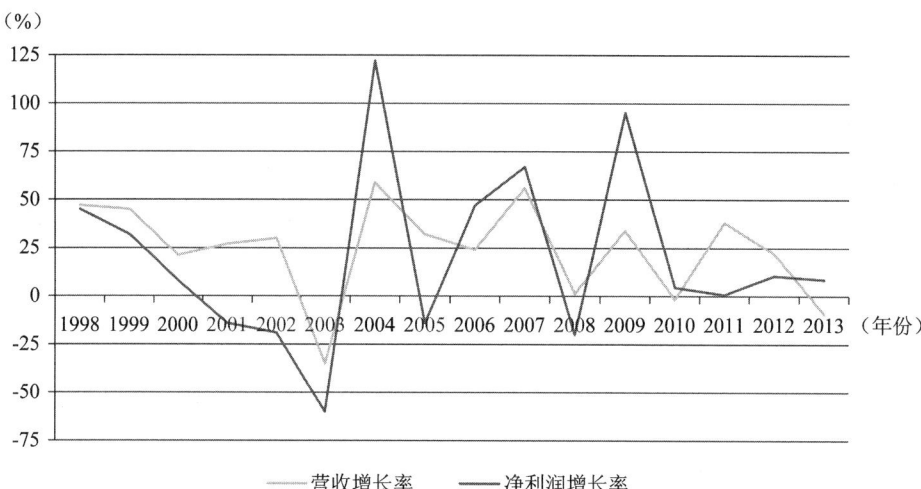

图 3-2　1998—2013 年中青旅营收增长率和净利润增长率

没有。如果把上市的理论意义转化为现实生产力，大家就要承受痛苦。如果大家没有感觉到痛苦，那就没有达到上市的目的。""有一首歌叫《涛声依旧》，今天的中青旅就好比一艘新客船，而你们捏的是歌中所唱的旧船票。原来的头等舱票现在让你坐三等舱，你还不要有意见。持旧船票坐新客轮，无法对号入座。"在旧船票理论的指导之下，进行了一系列大刀阔斧的改革，首先是建立法人治理结构，按照《公司法》的要求进行公司制改革。废除中青旅的干部级别，采用全员聘任制，改革了班车、供暖、通信等方面的报销制度，将传统国企体系下的福利进行了企业化的转变，对下属单位财务实行统一管理，一系列的措施将中青旅由传统的充满官本位的国有企业转变为市场化的公司制企业。

其次，把企业发展战略与市场需求紧密结合，基于旅游发展所处的大众市场发展阶段及大众市场持续发展的判断，围绕公民旅游进行布局。蒋建宁提出"目前有一个大众市场，这个大众市场相对来讲，以一些标准化的产品为主。这个市场价格敏感度比较高，市场竞争更充分。但是这个市场价格竞争可能是一个主要竞争手段，这个市场是我们不能放弃的，而且在中国我相信大众市场的增长也还有一个持续的周期。""不同的企业，不同的旅行社，有些是把公民和出境国内业务完全分离的，在我们看来是按照统一的板块经营，今天我们国内游的一个客户，他就是我们潜在的未来出境游的客户。"2000 年，中青旅将连锁经营模式引入旅行社业，快速拓展旅行社门店，以实现公民旅游市场第一品牌的目标。同时，成立公民旅游部，将国内居民的国内旅游和出境旅游业务按照统一的板块进行运营，公民旅游板块成为中青旅增长最快、最赚钱的板块。正是基于大众旅游发展阶段的判断，中青旅在旅行社主业之外，介入酒店、景区等旅游相关业务，打造旅游产业链。2005年，中青旅收购山水酒店，打造酒店业务；2007年，正式控股乌镇景区。到了2010年，酒店、景区板块已成为中青旅产业发展的两翼。

2007年，在中青旅"尊游假期俱乐部"成立新闻发布会上，蒋建宁阐述了他对散客游和休闲度假游发展趋势的观点："综观全球发达国家的旅游发展轨迹，可以清楚地发现，旅游方式是从团队旅游向散客出行逐步演进的。目前在我国一些大中城市，人们的旅游观念和需求正发生着深刻的变化，散客旅游渐成趋势，其市场潜力不可估量。"基于这一判断，中青旅加速在自由行市场上的布局。2004年12月，中青旅与世界大型跨国旅游集团胜腾公司合资，在中青旅电子商务有限公司基础上增资扩股成立中青旅胜腾国际有限公司，注册资本为1.4亿元，由中青旅控股，合资公司的市场定位是发展散客旅游市场，突出多层次的个性化产品，并为不愿受团队约束的游客提供国际机票和全球酒店预订。2008年7月，中青旅成立了自由行事业部，对公司优势资源进行整合，包括网站、呼叫中心和技术开发，将出境公司从事出境业务的人员和国内公司从事国内业务的员工集合在一起，推出"百变自由行"品牌产品，积极布局散客游市场。自由行事业部成立之后，业务翻番增长，2010年占据了中青旅公民业务收入的1/3。

其三，基于大众旅游市场的庞大基础和旅游产品趋同的现实，走差异化、专业化发展之路。对于旅游产业的专业化发展和游客的个性化需求，蒋建宁有自己的看法："我们现在所看到的，就是旅游竞争很激烈，白热化的，毛利越来越低，打成一团。但是实质上就中国旅行社行业而言，我们觉得缺的不是市场，是缺一个赢得市场的能力，我们没有权利抱怨这个市场，中国的市场还是潜力无限的市场。关键就是我们产品同质化，服务同质化，所以我们唯一的法宝就是降价。可是当一个行业价格成为一个主要的，甚至单一的竞争手段的时候，这个行业的发展实际上是堪忧的。""我们2001年前就提出了中国的旅行社行业，要走专业化的道路。我们要细分市场，重塑业务流程，走专业化道路，过去旅游是粗放型的，比如说不同年龄，不同文化程度，不同爱好的人群组在一个团队里，他们的需求实际上不一样，但是按照一种军事化的形式，按照他们的行程，安排旅游内容，必然会影响到他的满意度。"正是基于对市场细分化和专业化的判断，1998年，中青旅就确定了"细分市场，重塑流程，走专业化道路"的发展方向，决定对旅游业务市场进一步细分，重点关注集团客户对旅游服务的更高层次需求，率先将M.I.C.E概念引入中国旅游行业，设立了中青旅商务会奖处。2001年，在此基础上成立了中青旅会议奖励旅游部。2002年7月，为顺应会展旅游市场发展态势，更加专注于这一新兴的细分市场，中青旅国际会议展览公司应运而生。经过几年的专注发展，2009年，中青旅会展业务营业收入5.3亿元，实现净利润2044万元。

其四，针对消费需求的变化和市场升级的压力，积极创新产品和业态，并通过产业融合和资源整合，打造具有企业竞争力的新产品，实现产品升级。张立军认为："由消费升级驱动的旅行社行业升级时代已经来临，中青旅需要基于新需求、新市场，形成新模式，创造新业态，把握行业发展的机会。"2010年，中青旅整合邮轮业务资源，成立了中青旅邮轮业务中心，全力进军邮轮旅游市场，并通过机制创新，为产品创新部门减压。公司成立专门的资源采购委员会，对邮轮项目进行立项和支持。同时明确，邮轮产品的赢利全部归事业部，亏损则由公司承担70%的损失。针对旅游市场散客化、个性化的发展趋势，加大对度假业务和自由行业务的开发。2008年中青旅进军自由行市场，面向散客市场开发"百变自由行"旅游产品。2010年，投资开发古北水镇国际旅游综合度假区，着力打造综合性度假旅游产品。

最后，高度重视"人"在企业发展中的作用，形成系统完善的用人和人才激励机制。在对"人"这一资源的认知方面，蒋建宁也有他独到的看法，他提出"企业的发展关键在人，发展首先是人的发展，是人的素质的综合提高和全面进步。一个企业如果没有一批成功的人士，就不可能有成功的企业。成功的企业要让员工从企业发展中受益，在企业发展中推动个人的提升和发展。在企业里，经营班子要去发现、培养、支持有价值的人，善待有价值的人，要给他们搭建舞台，创造发展空间，但有一点绝对不能给，那就是特权。""员工的成长和发展是公司发展的原动力，公司最终要依靠队伍建设保障业务的可持续发展，如果越来越多的员工能够在中青旅实现自我价值，公司必然会实现可持续发展。公司上市10年来一直坚持不懈地建设具有职业素养和战斗力的员工队伍，拥有了这样一支队伍，我们才有可能打造不败的企业。"为了激活员工活力，打造符合市场和企业发展的人员队伍，1998年，中青旅就废除了几十年一贯制的干部级别，采用全员聘任制。2005年，建成中青旅大厦，以降低外部风险可能对旅游产业造成的冲击，保障全体员工利益。将"职业经理人市场"引入组织内部，对空缺的重要职务进行内部公开招聘；形成以任职资格为核心的职业化行为评价系统和以KPI指标为核心的绩效考核系统，以经营检讨与中期述职报告为核心的绩效改进系统，以提高管理者的人力资源管理责任为核心的绩效管理循环系统，建立高层管理人员以业绩为基础的薪酬结构。通过上述系统和完善的用人制度，在为优秀人才提供发展空间和平台的同时，也有效地鼓舞了士气，激发员工斗志。

2. 企业家言论

关于旅游改革。"旅游管理体制已经不能适应旅游综合发展的要求。旅游管理要顺应行业发展变化，从行业管理向统筹协调转型，改变过去侧重行业管理与市场营销的情况，要注重市场环境的打造和机会公平的资源共享机制建设，重点破解目前行业管理中存在的分割、交叉、地方保护等问题。"

关于技术。"管理创新的提高也需要技术的支撑，而且我认为在这个方面，信息化的支撑是非常非常重要的一个方面。"

——港中旅集团董事长　张学武

关于信息化。"信息技术和网络已经改变了市场竞争环境和游戏规则，已经成为任何企业生存和发展不可回避的选择。信息化是企业进行经营创新并不断获取竞争优势的重要手段，也是企业进行管理变革和流程创新的必然选择，将为企业带来精细化、透明化、高效率和高收益的管理模式。如果要我为国旅集团的科学发展寻找一条有效的途径，信息化无疑是第一位的选择。"

关于社会责任。"作为中国旅游企业中的'国家队'，我们不仅要实现国有资产的保值增值，对国家这个'股东'负责，而且要承担起对社会的责任，努力维护好消费者、员工的利益及相关方对企业的持续信任。"

——前国旅集团董事长　盖志新

关于旅游强国建设。"中国的旅游业谁也不怀疑它的前景，我们从一个过去的旅游资源大国，现在已经成了名副其实的一个旅游大国，下一个目标是，怎么由一个旅游大国迈向一个旅游强国，但是这么一种跨越跟过去我们的手法是不一样的。应该说中国由一个旅游资源大国，成为旅游大国，这个发展主要是政府主导。过去旅游行业是一个政策保护很浓的行业，由于政府在政策上采取开放政策，改革开放初期，中国就3家旅行社，现在有17 000家旅行社，每年平均大概以1000家的规模在增长。所以说，由于政策的开放，它带来了竞争，在这个过程当中，我觉得实际上中国作为一个旅游大国它已经达到了，但是要成为一个旅游强国，我们用过去的对旅行社的管制模式，靠政府主导是无法实现旅游强国这么一个跨越的。它必须要依托于一大批健康的有自主品牌的，有核心竞争力的市场主体，才能真正地推动中国成为一个旅游强国。"

关于品牌竞争。"我觉得中国的旅行社行业正处于一个拐点。我们过去争论了可能有十年的时间，大家有不同的期待。一方面期待政府主管部门来规范这个市场，来改变无序的竞争；另一方面，我们大家也期待业内依靠自律走向规范。但是依我个人的看法，真正推动中国旅行社行业走向健康发展的最大的动能是中国旅游消费者的成熟。也就是说，这个行业它必然由价格这种单一的竞争走向一个价格、产品、服务、营销复合式竞争的品牌竞争时代。"

——前中青旅控股股份有限公司CEO 蒋建宁

关于创新。"创新的压力无时不在，创新是一种压力，反过来对于我们的业务来说，又为我们进一步持续创新提供了很好的环境和空间。不一定'穷则思变'。相反，我觉得更取决于企业的意识，取决于企业的价值观。中青旅价值观始终是定位于不进则退，始终会给自己保持比较大的压力。只有通过不断地创新，商业的乐趣才能不断地发挥，才能够寻找到真正的商业价值。我们一路都是这样走过来的。"

关于市场。"从消费的角度来说，大家基本解决了住房和汽车的问题以后，旅游就会被提到消费层次中比较高的层面，这也是旅游消费升级的一个最大的确定因素。现在旅游处在一个有闲钱可以去的阶段，富人对价格很敏感，穷人对价格也很敏感，所以消费是不成熟的。如果我们把旅游比作一个继汽车和住房之后一个新的消费增长极的话，这个行业就一定会成熟，而这种成熟带来的成果，品牌企业是会先到先得的。"

——中青旅控股股份有限公司总裁 张立军

关于人。"对于服务业来说，人不是成本，而是资本。服务业的实业不是厂房、不是设备，是人。创建'中国服务'，不仅需要出色的企业管理者，同时更需要各个岗位的行家里手。"

关于中国服务。"在中国,由于中产阶层和富裕阶层的崛起,大规模的高端定制时代已经来临。""外国企业进军中国,永远不能代替中国民族旅游企业对中国人自己的服务。中国的精英阶层所注重的不仅是硬件的品质,还有精神的享受,这是异国文化无法理解和想象的。"

——首旅集团董事长　段强

关于思想。"地域绝对不会阻止我们向外、向前发展的,也许土地是有边界的,但人的思想却是无边界的,那么我们的未来创新也是无边界的。"

关于开发与保护。"大型旅游项目开发一定要非常慎重,要处理好对资源,特别是对不可再生的珍稀资源和名胜古迹的保护问题。发展与保护永远是一对矛盾。作为旅游投资企业,在处理这个矛盾的时候,一定要非常慎重。因为我们的责任是,如果把大型旅游项目做好了,可以造福子孙万代;做得不好也会遗恨百年。特别是对大自然留下来的宝贵资源和祖宗留下的名胜古迹,一定要想好了才去发展。有的根本就可以不去发展,而以保护为主;有的是在发展过程中加以保护,这是两种思路。不管想好没想好,我觉得现在的问题是,要把开发的脚步放慢,才能做出精品,保证品质。如果我们的脚步太快,或者没有想好就动手干,一定会留下遗憾。"

关于市场意识。"我个人觉得危机意识实际上就是市场意识,当你一旦把你的企业和你本人放到市场的时候,你就发现你每天都需要拼搏,因为市场本身就是竞争。当领导层已经有市场这个概念的时候,就是把本人放到市场这个考场中去锻炼,如果没有市场意识,那只是一种行政领导意识或说是官场意识、小生产意识,都无法面对未来。"

——前华侨城集团董事长　任克雷

关于政府角色。"在现在这个阶段,政府应该逐渐地退出那些应该由企业做的事情,逐渐地退出那些可以由市场决定的领域,而不要政府决定。"

关于市场。"市场是被创造的,对于竞争,我们是一种开放的态度。"

——华侨城集团董事长　刘平春

关于旅游合作。"旅游业过去是封闭的、是敌对的,过去旅行社之间合作是比较困难的。未来这种旅行社开放合作，一定是主流。这个行业的趋势就是一个人是没有办法在这么一个圈子里面玩的，一定要大家抱团取暖，自己找到自己的优势，去弥补自己的合作伙伴，行业伙伴又去弥补自己的缺点和劣势，这样的话，旅游业就会形成一个一个的圈子。"

——海航旅业CEO 杨建红

关于国际化。"从战略意义上说，我们只看需求，不论国度，企业要有'地球村'概念，老是纠结于国内竞争，并非出路。"

关于财富。"这些年，我确实聚集了一部分财富，但我从来不认为这些财富可以由我随心所欲地使用，它仅仅是造物主让我保管的。也正因为是这样，我认为财富应该大家分，所以当年我主动提出分股份，体改办要求我留一些，我就留了下限的30%，其余70%的股份还是分给大家，最多的时候分到三四百人。"

——春秋集团董事长 王正华

（二）基于市场创新成长起来的企业家：时代背景下的市场引领者

新兴旅游企业，他们的出现大多是将技术与市场需求相结合，依托技术支持，满足旅游者们不同层级、不同阶段、不同功能的需求内容，并基于游客需求和技术特点构建自有的商业模式，最终实现企业商业方面的成功。新兴旅游企业多与时代发展的方向或潮流相吻合，它们的出现，往往成为市场的引领者，引发产业对旧秩序和旧规则的主动打破，从而创造出一个新的发展空间。

1. 携程的创新发展之路

携程旅行网创立于1999年，是综合性旅行预订平台和在线旅行服务公司，为游客提供机票预订、酒店预订、度假预订、商旅管理以及旅游资讯在内的全方位旅行服务。携程的创立，开创了OTA（在线旅游代理商）这一新的模式。携程由梁建章、范敏、季琦、沈南鹏联合创办，2002年和2005年季琦和沈南鹏相继离开携程，另行创业。2006年，梁建章赴美求学，到2012年学成重返携程，携程在范敏、梁建章的执掌下，经历了技术创新引领下的发展和超越。

从2003年上市到2013年，携程的营业收入一直保持稳定增长（见图3-3）。2012年，受2011年密集投资产生回报的迟滞效应和价格战影响，净利润出现下滑，2013年净利润又以28%的增长率增长。营收增长率虽整体有所下滑，但上市的11年中每年均保持了20%以上的增长率（见图3-4），发展势头良好。

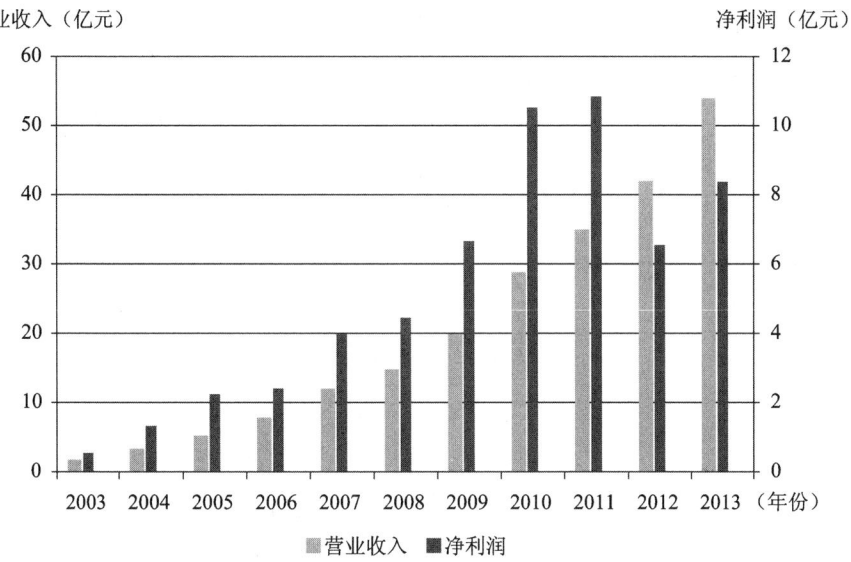

图3-3 2003—2013年携程网营业收入和净利润

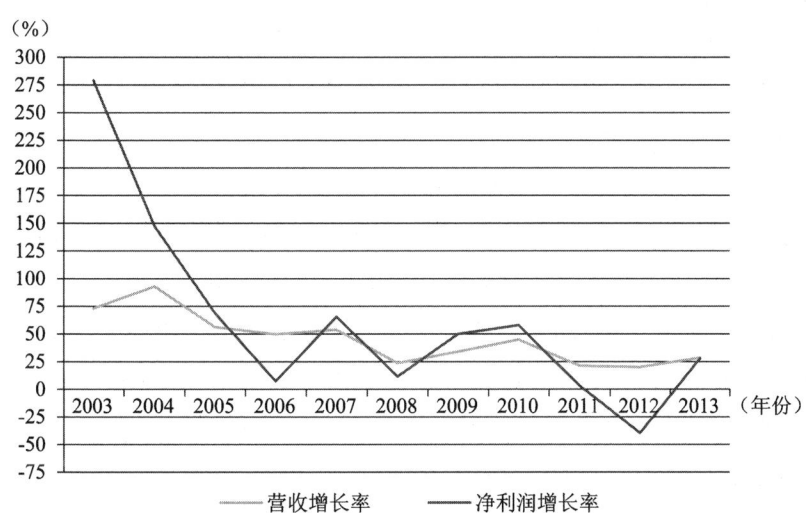

图3-4 2003—2013年携程网营收增长率和净利润增长率

携程的发展，是技术与市场需求结合而生的结晶，对互联网发展前景的超前认知并嫁接于具有良好发展前景的旅游行业，是携程商业模式成功的根本。携程旅行网CEO梁建章提到携程初建时说："创业之初我们有很多选择，甚至我还注册了一个CHINAJOB的网站，打算做招聘服务。后来，我对中国的互联网形势做了一个详细的分析，门户网站在中国已经有几家，我们没有必要和他们争。于是，我们想在细分市场上做文章，我们发现旅游不需要物流配送，国内也没有人去做，交易上面没有致命的问题，所以做旅游方面的电子商务应该是比较好的，想象的空间非常大。最后，定下了做旅游服务。"将新兴的互联网技术与传统的旅游产业相结合，在携程收购现代运通之后，携程的"机票+酒店"的网上预订模式才初步呈现，网络预订将即时性、便利性与有吸引力的价格相结合，从而形成携程具有竞争力的早期商业模式。对于携程的技术优势，梁建章认为："我们在核心竞争力上的定位和业务模式的定位是非常准确的，我们利用IT技术的规模来做非常传统的服务，我们充分发挥我们在技术方面的优势，使得我们在模式上、运作流程上比传统旅行社更有创新，然后在服务的品质方面和其他方面超越竞争对手。"凭借成功的商业模式，2003年，携程在美国纳斯达克上市，是继新浪、搜狐之后第二批海外上市的第一家中国公司，也是国内第一家在美国纳斯达克上市的旅游公司。

对旅游市场快速增长的判断，对消费需求变化和信息技术发展的精确掌握，使得携程在旅游产品开发、服务提供以及商业模式调整方面均有了应对性的变化。梁建章认为："最迟再过7~8年，到2020年，中国将成为世界最大的旅游市场。面对即将到来的新时代，携程还有很大的发展空间，也将会推出很多新产品。"对于旅游市场细分，他也有相应的判断，"顶级旅游，虽然去的人不多，但是对公司品牌有非常大的影响力，值得一做。"基于对市场需求快速发展的判断，携程"酒店+机票"的发展模式也因此发生了变化。携程开始加快在线下的布局，开启"鼠标+水泥"的发展模式，2009年投资易游网，2010年投资永安旅游，同年收购汉庭连锁酒店集团、首旅酒店集团管理有限公司和中国古镇网，2012年投资太美旅行，是携程加速布局线下业务，完善产业联通，以实现线上业务与线下业务的无缝对接，进一步强化其在在线旅游市场上的地位的表现。在消费需求的引导之下，携程在2010年曾针对富豪消费群体推出高端旅游产品——"环游世界60天"。其市场反响良好。2012年，携程正式对外推出的中国首个顶级旅游品牌——"鸿鹄逸游"。携程与台湾易游网和香港永安旅行社开展战略合作，为顶级旅游市场设置了一个极高的准入门槛。

技术出身的梁建章，对于移动端的发展有非常精准的认知："由于人们对移动终端上网的依赖性日益增强，移动互联网应用已经逐渐从碎片化的阅读、通信等相对简单的应用向黏度较大、时长较长的视频、商务类应用发展，成为网民购物、社交、娱乐、媒体的综合性平台，呈现出较大经济效益。对比中国人跟美国人的消费行为，中国人更倾向于用移动终端，中国人拥有的手机数量比美国人的多，中国人更加倾向于用传统的营销方式，比如说打电话等。中国人实际上在网上用互联网来预订这一块不如美国人多，所以，使用移动的比例更大，中国在移动应用方面也有可能领先于世界。更为重要的是，移动互联网技术与旅游业动态化、碎片化趋势相呼应，改变了旅行预订模式、营销方式和场景体验。在线旅游行业，很有可能成为最先完成向移动互联网转型的行业。"

对移动市场增长的预判断，加速了携程对现有业务布局的调整，2012年，携程进行事业部调整，增设无线事业部，以应对智能手机方面快速增长的需求。同时，针对来自移动端客户的关联需求，如自由行游客所需的租车、门票、餐饮、攻略等业务进行战略布局，与到到网、酷讯网合作，投资蝉游记和订餐小秘书，增设携程租车业务，进一步完善基于移动端的产品供给链。2014年第一季度，发生于携程网的旅游预订有70%是通过网络和移动平台完成的，其中移动端的住宿业务预订已占40%，超过PC端的35%，租车、景点门票等业务的移动端预订也超过了50%，移动端已发展成为携程最重要的预订终端。

2. 企业家言论

关于企业的核心竞争力。"没有一家企业的核心竞争力来自技术，创业公司所有的核心竞争都来自为客户创造价值。有的时候，不是这样的，你不是用技术，可能是用资源为客户创造价值，有的时候以某种交易模式，但是在社会当中，资源也好，尤其早期的公司，资源也好，商业模式也好，可能不太容易找得到。"

关于技术。"通过技术和服务，将旅游产品供应商的产品信息和消费者的需求信息 Matching 得更好，为社会节约大量资源。"

关于效率。"我们一定要为这个市场提供足够的效率，我们必须用新的方式做事情，这需要一些技术和商业策略。我们需要以前所未有的方式做这些事情，抛弃已有的元素，做一些新的模式，才能提高效率；如果不提高效率，不可能赚到钱。"

——去哪儿网 CEO 庄辰超

关于技术。"从技术本身来看，企业喜欢一些新的软件、新的技术都是对的，但是对于企业来说重要的不是企业拥有多少技术、系统和平台，而是你确实在使用这些平台。所以它更多的是要循序渐进,系统本身还是企业管理的架构、管理的流程和管理的能力的综合表现,所以如果企业自己基础的东西还不健全的话,那系统本身就是一套华而不实的时装。所以,技术往往会成为潮流,而潮流本身又有它的盲目性,它不能实实在在地与经营挂钩。那么,如何挂钩?就要用循序渐进的方式,不断迈向你所制定的远大目标。"

——如家酒店集团CEO 孙坚

关于团队。"从明天开始,同程将告别'总来总去'的时代。公司的所有干部全部不再允许称总。我们希望新的十年,每一个伙伴能在一个更平等、更包容的环境下工作,上级首先是你的工作伙伴,我们不需要对某总负责,我们更多地对客户体验、对我们的产品和服务负责。"

关于竞争。"我们已经感受到竞争的残酷,互联网领域第二等于零,移动互联网时代更是如此,要么你成为第一或者细分市场第一,要么你消失。"

——同程网CEO 吴志祥

关于竞争。"我相信在整个旅游行业中,伴随着产业链生产和零售的分工,在零售市场上会出现几百亿、上千亿交易额的公司,在生产市场也同样会出现。现在行业的主要矛盾不是零售与生产的矛盾,而是如何抢时间在自己的领域里迅速扩大规模的矛盾。"

——途牛网CEO 于敦德

关于品牌。"品牌要体现消费者的自我认知,必须要想通这一点。""未来的消费者在满足功能性需求之后,只会为自己的喜好付费。这种喜好是个性化且没有任何理由的,就是喜欢。对于酒店产品而言,这种喜好就体现在品牌上。"

关于团队。"我相信一种说法,当一个人有了一个愿望就会形成一种气场,这个气场冥冥之中会带着自己往目标走。""你要相信这个世界不是一两个人的,而是大家的。只要相信这一点,你就能说得动大家,团队就会像洪水一样有力量。"

——铂涛酒店集团联席董事长 郑南雁

关于时代。"我们生活在一个非常幸运的时代，也许我们这个时代跟汉唐一样是一个盛世，我们可以创业、可以发财，让我们身边人生活得更好。"

关于梦想。"每个人的梦想可能不一样。梦想随着时代在不断变化。我是非常实际的一个人，在大学操场上跑步时，当时的梦想是能在上海有一套房子。后面，想有自己的公司。等有了公司之后，又想是不是能做一个更大的公司。我当初做携程时，会不断地有新的想法出来。我不喜欢空想，每一步还是蛮脚踏实地的。我喜欢登山，每登上一个山坡，都希望能看到更美的风景。最初做汉庭时，也没想到做全品牌、世界级酒店集团。今天我看到方向了，觉得有能力做好。"

关于企业。"过去中国最小的单元是家庭，随着工业化、市场化的深入，我们国家的最小单元正变成企业。我们企业能够做好自身的事情，善待员工、真实服务客人，国家就会变得越来越好。让我们每个人从自己做起，从自己企业做起。这个世界总是越来越美好！"

关于酒店的十宗罪。第一宗罪：大而全。同样是因为星级评定，三星以上酒店都大而全。客房的数量也不是根据市场分析和周边潜在客源来确定，而是根据政府或业主的主观意志，随心所欲，越大越好。第二宗罪：门童。除了豪华酒店，绝大部分中高档酒店都可以考虑取消门童和行李员，这种服务费人工，但客人并不欣赏。第三宗罪：高大上的大堂。大堂的高大上在豪华酒店无可非议，但是大家都模仿，都往这个方向奔，就有些过了。许多欧美的酒店，大堂仅仅是功能性的，有时候会有一些人文的艺术品，这些艺术品的层次很高（绝不是工艺品），体现品牌和管理者的品位和审美。将空出来的地方做酒吧或商业空间，聚人气，提高利用价值，方便客户。第四宗罪：大堂吧。大部分酒店大堂吧成了一种呆板的标准配置，没有这个评不上星级，有了这个吧，就要经营收费。第五宗罪：餐厅。酒店的早餐厅兼全日餐厅是必不可少的，但是一个酒店自己经营中餐、西餐、当地餐、自助餐是没有必要的。可以采取外租、外包的方式，引进优秀的品牌餐饮，可以以较低租金、营业额分成的形式合作，风险共担，达到双赢。第六宗罪：商务中心。商务中心占地方，费人工，还要添置一堆利用率很低、淘汰很快的电子设备。是时候跟商务中心说 Bye-bye 了！第七宗罪：入住登记。入住登记是大家诟病最多的一件事情。一是时间长。即使没有排队等待，办一个入住花上 10~15 分钟属于正常。还有一个就是收押金。为何要收押金？不信任？应该房价是多少就收多少钱，如果需要在酒店消费签单，信用卡授权就行。第八宗罪：退房。中国的退房制度主要是基于两点：一是你在住宿期间的签单，比如餐饮、娱乐、小卖部等；二是怕你将客房东西顺走。所以，退房的时候要查房，前台等到客房服务员确认后，才给你办理退房手续。第九宗罪：高房价。酒店的定价方式一直是高开低走。门市价格给得高高的，然后给你打折。价格越高，显得酒店越高档。实价销售是未来的趋势，而不是高高挂起，轻轻落下。第十宗罪：Wi-Fi收费。时至今日，还有许多酒店，尤其是高档酒店，收取Wi-Fi费用，Wi-Fi收费仍然是用户一大痛点。许多酒店，对于客人打电话依然收费，而且费用不菲。在手机普及的今天，酒店客房电话实际上已经不那么重要，在中低档酒店完全可以取消。酒店可以没有客房电话，但是不能没有高速Wi-Fi。

——华住集团董事长 季琦

三、城市与企业家商业思想的孕育

城市作为人类文明的结晶和标识，在发展中都留下了不同的特色标签，城市的人文、创新、开放、包容等不同的标签不仅是一个城市吸引创业者和商业机构入驻的重要原因，同时也对企业家商业思想的孕育与形成起着重要的推动作用。

（一）旅游企业的空间布局与城市集聚

1. 传统旅游企业的空间分布

传统旅游企业的空间分布，从国字头的中青旅和民营类企业开元旅业集团和万达集团（见图3-5、图3-6、图3-7）看，中青旅的空间布局呈现"突出重点、重视中部"的特征，除北京、江苏、广东、上海四个重点省市外，空间分布集中于由北向南的中部区域，由河北、山西、河南、湖北、湖南到广西，形成中部发展的连绵区。开元旅业和万达集团的空间布局呈现"区域集中、全面布局"的特征，开元旅业创始于宁波，从其空间布局看，主要集中于浙江发展，邻近的江苏、安徽、上海等呈现较高密度的集聚，而后在全国除中西部部分地区外，进行全面布局。创始于大连的万达集团，其空间分布同样呈现区域集中的特征，辽宁、吉林、黑龙江东三省是万达集团酒店最为集中的区域，其次是山东、江苏、湖北等重点省份，而后是对全国除西藏、重庆以外的大陆省市的全部覆盖。

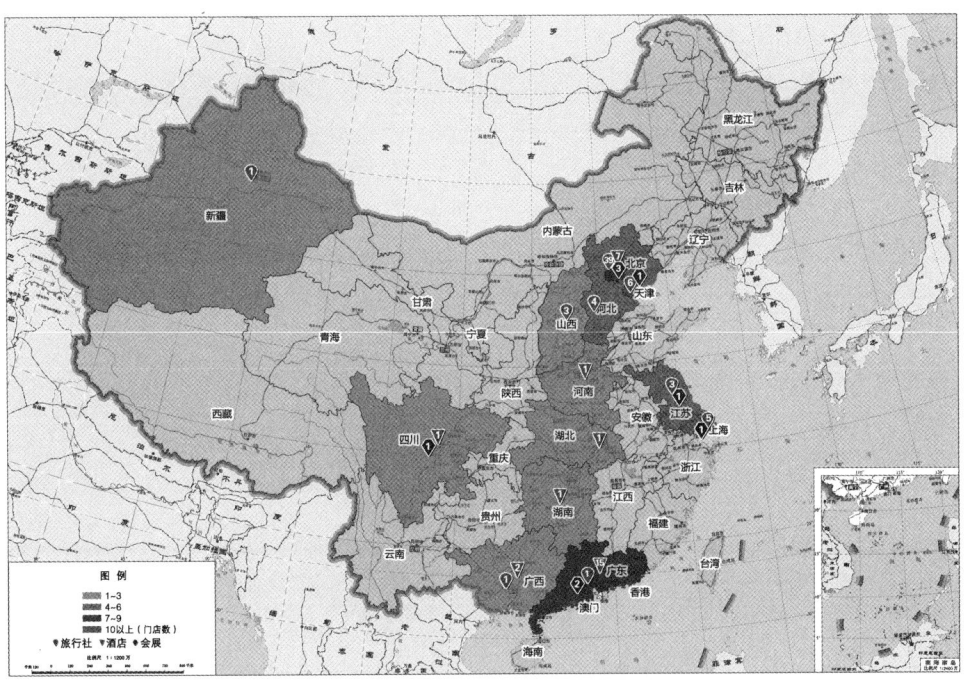

图 3-5 中青旅集团旗下业务空间分布

资料来源：中青旅官网。国家测绘地理信息局网站，审图号：GS（2008）1599 号。

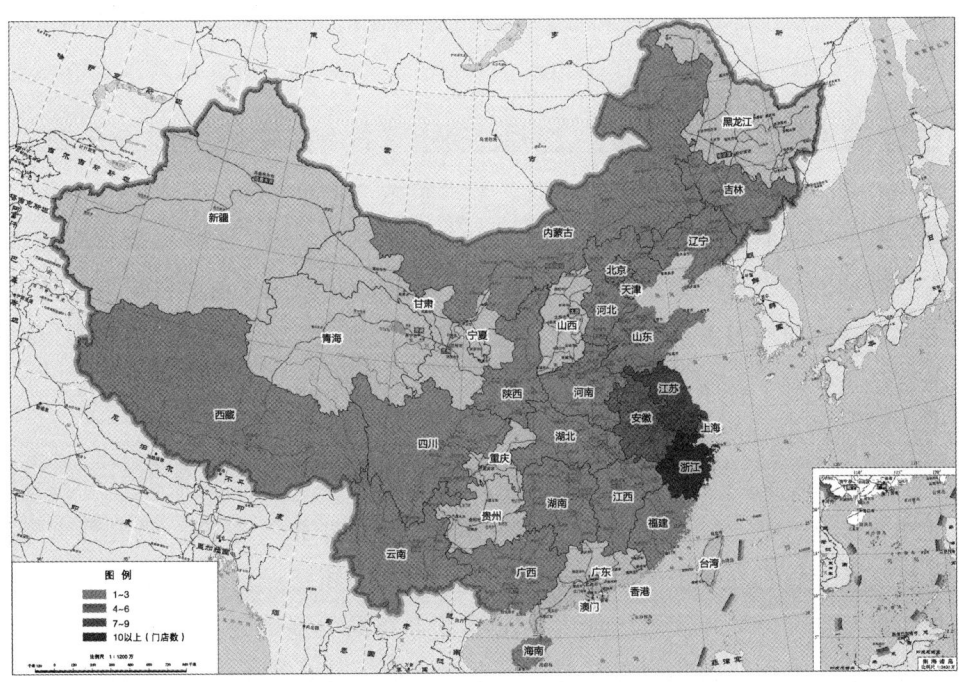

图 3-6 开元旅业集团酒店空间分布图

资料来源：开元旅业集团官网。国家测绘地理信息局网站，审图号：GS（2008）1599 号。

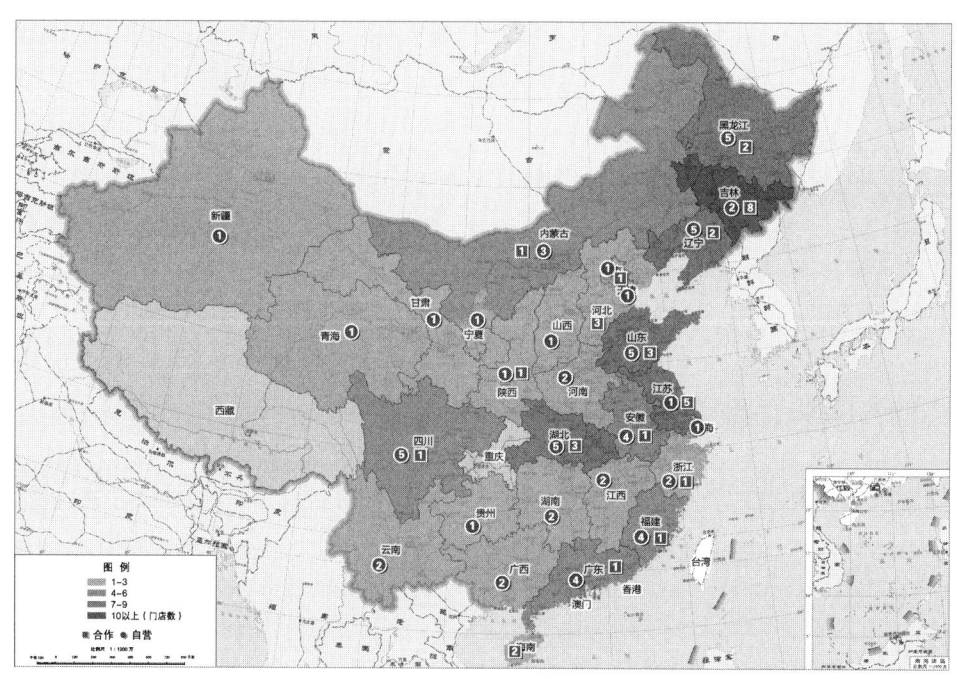

图3-7 万达集团酒店空间分布图

资料来源：万达集团官网。国家测绘地理信息局网站，审图号：GS（2008）1599号。

2. 新兴旅游企业的空间分布

新兴旅游企业的空间分布，以如家、华住、住友为代表的酒店集团看（见图3-8、图3-9、图3-10），呈现"东部集聚、由东向西"扩展的基本态势。空间分布最密集的区域是东部的北京、山东、江苏、上海、广东、浙江等省市。从发展最早的如家酒店集团的空间布局看，由东向西梯次发展的格局非常明显，陕西作为重要的旅游省份，也成为三大酒店集团空间布局的重点。目前，如家和华住已经实现了除港、澳、台以外的全部省市的布局。

3. 海外旅游企业的中国扩张

海外旅游企业的中国扩张，以凯悦酒店集团和希尔顿酒店集团的空间分布看（图3-11、图3-12），呈现"集中东部、局部扩张"态势，两大酒店集团在吉林、辽宁、北京、天津、山东、江苏、上海、浙江、广东、海南等沿海省市布局相对集中，希尔顿酒店集团在东部重点布局的基础之上，开始向中部地区局部扩张，凯悦酒店集团则在云南、贵州、重庆等局部地区有一定布局。

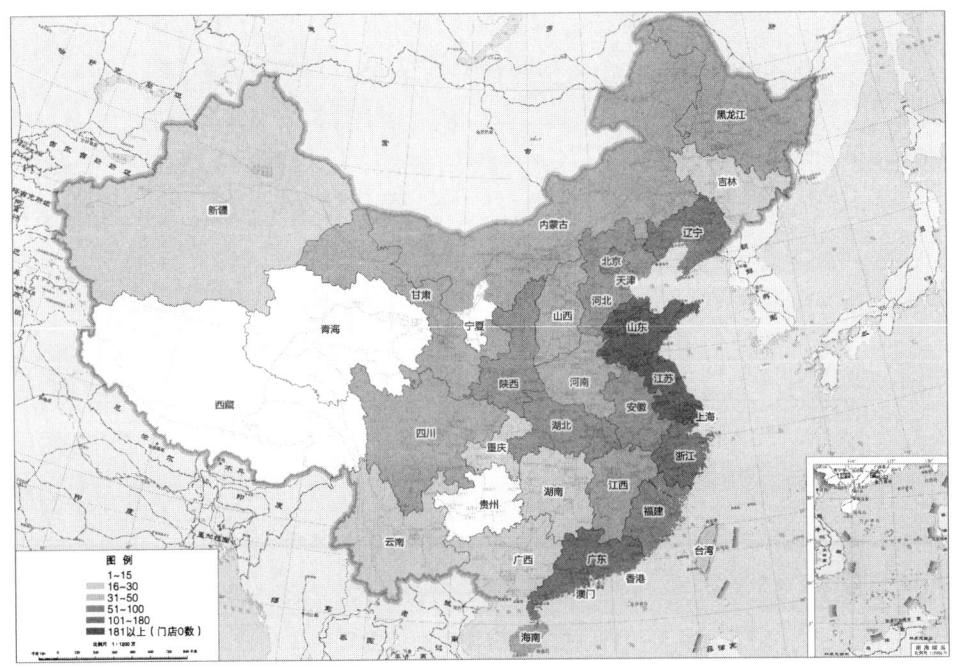

图 3-8 如家酒店集团酒店空间分布图

资料来源：如家酒店官网。国家测绘地理信息局网站，审图号：GS（2008）1599号。

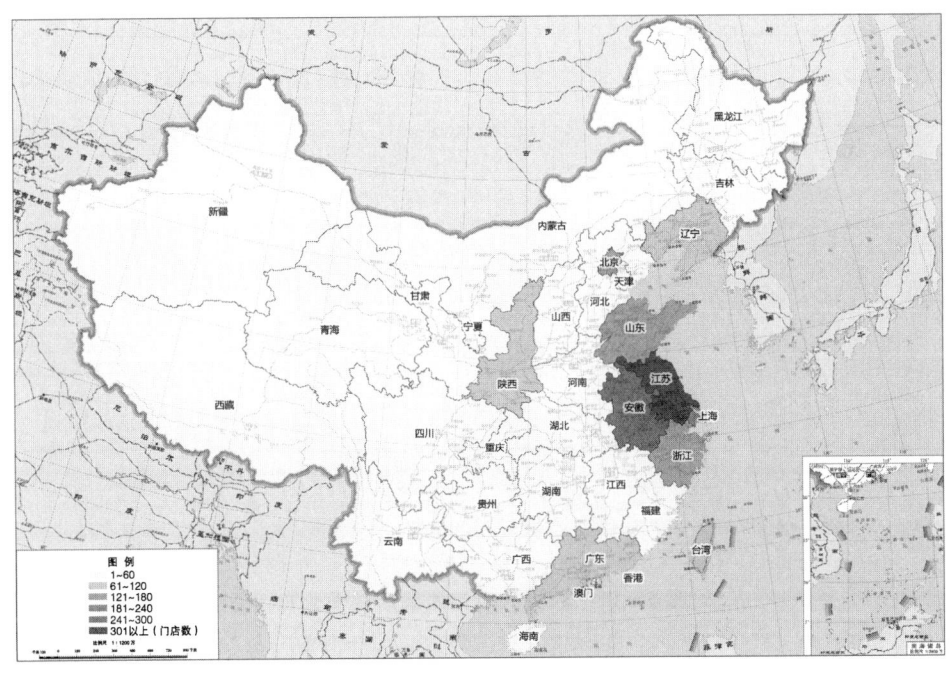

图 3-9 华住酒店集团酒店空间分布图

资料来源：华住酒店官网。国家测绘地理信息局网站，审图号：GS（2008）1599号。

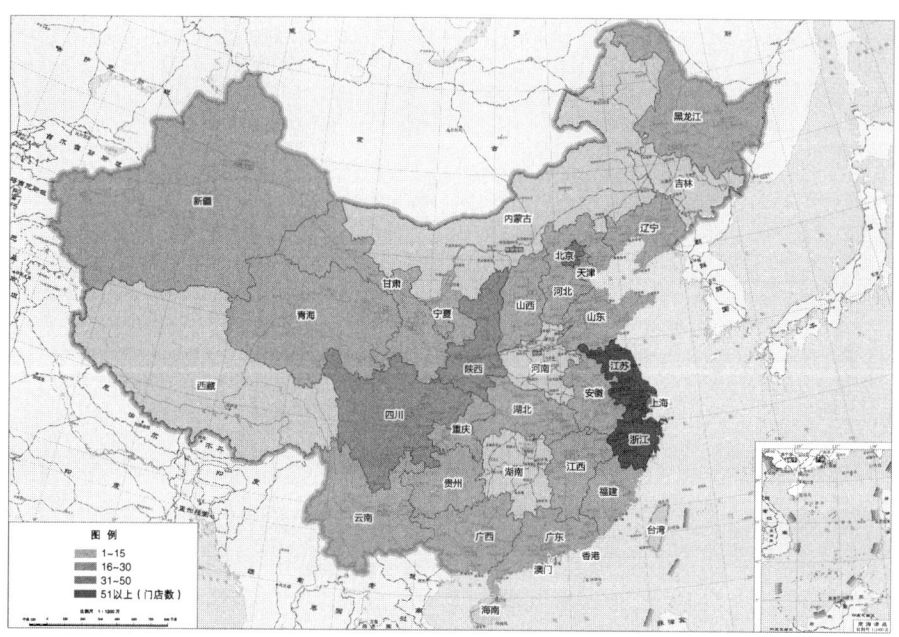

图 3-10 住友酒店集团酒店空间分布①

资料来源：住友酒店官网。国家测绘地理信息局网站，审图号：GS（2008）1599 号。

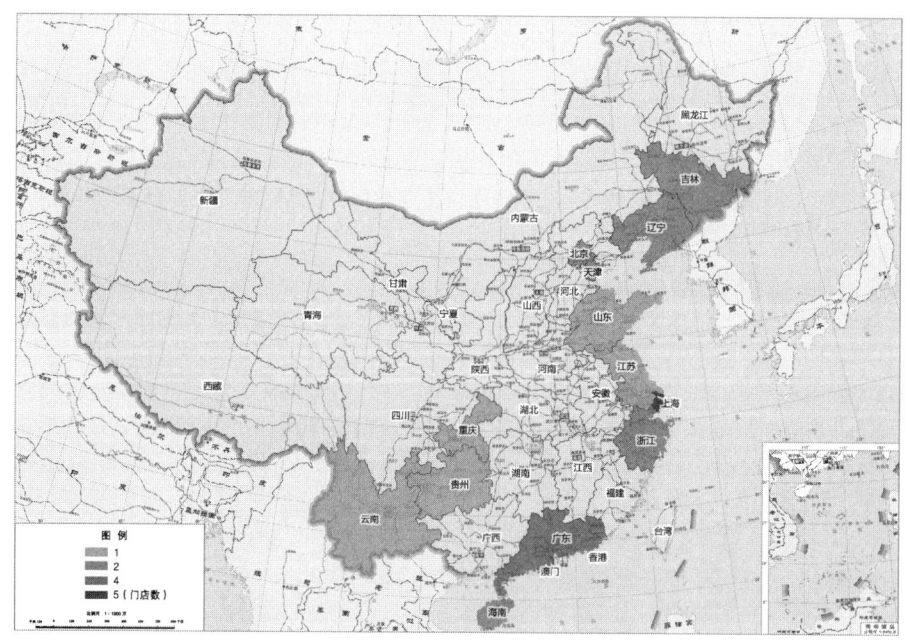

图 3-11 凯悦酒店集团酒店空间分布

资料来源：凯悦酒店官网。国家测绘地理信息局网站，审图号：GS（2008）1599 号。

---

① 住友酒店集团酒店数目包括其旗下四个品牌：布丁酒店、智尚酒店、漫果连锁公寓、驿佰居。

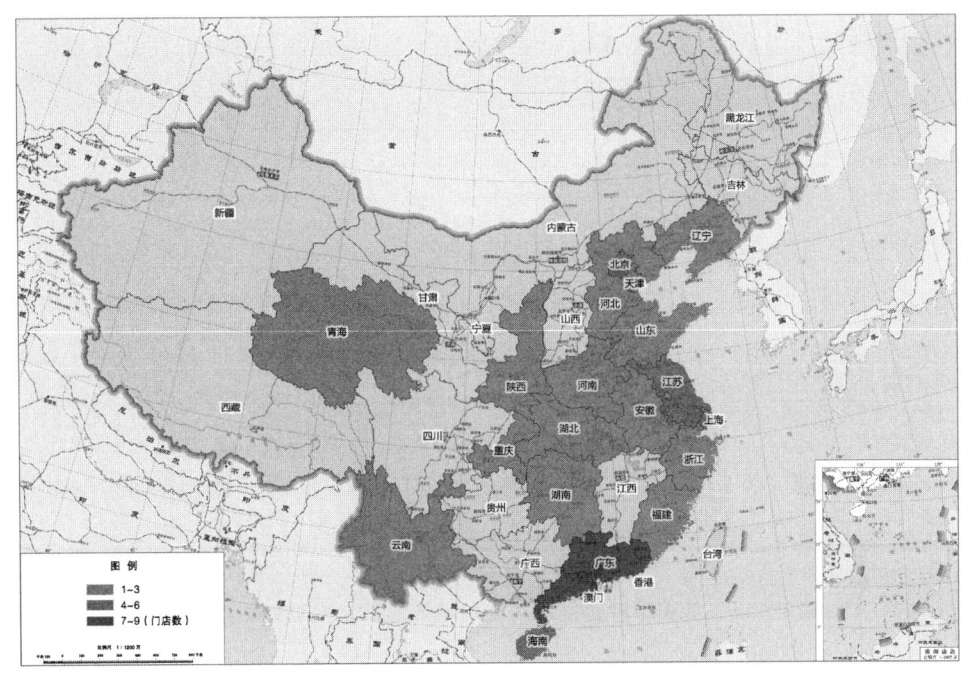

图3-12 希尔顿集团酒店空间分布图

资料来源：希尔顿酒店官网。国家测绘地理信息局网站，审图号：GS（2008）1599号。

（二）旅游企业的创新思想孕育与城市集聚

商业思想是企业家智慧的结晶，同时也是一个城市文脉、商业环境、社会环境、开放度、包容精神等城市要素浸润的结果。从旅游企业注册地或总部所在地，或许可以研判城市对于旅游商业思想的重要影响。对全国29家以传统旅游为主要业务的旅游集团及41家以新兴旅游为主要业务的旅游集团或企业的注册地或总部所在地进行统计（见表3-1），我们会有下面一些发现。

传统旅游企业集团的注册地或总部地的分布整体相对分散（见图3-13），相对集聚的城市集中于沿海发达城市，如北京、广州、上海、深圳、杭州等。新兴旅游企业的注册地或总部地的分布整体集中（见图3-14），北京、上海两个城市所集聚的新兴旅游企业数量就占到被调查企业的76%，其他城市也全部为东部沿海、经济发达、商业思想活跃的城市。

北京是首都，同时也是政治、经济、文化、科教、金融、交通和国际交流中心，深厚的文化底蕴、创新、包容的城市精神和各行业专业人才的高度集聚，令北京成为创新型旅游企业注册的首选地。上海是中国的经济、金融、科技、贸易、会展、交通、航运中心，国际化的城市视野、高度开放的城市精神和经济金融的创新政策,为众多创新型旅游企业的创建、发展提供了良好的商业环境。

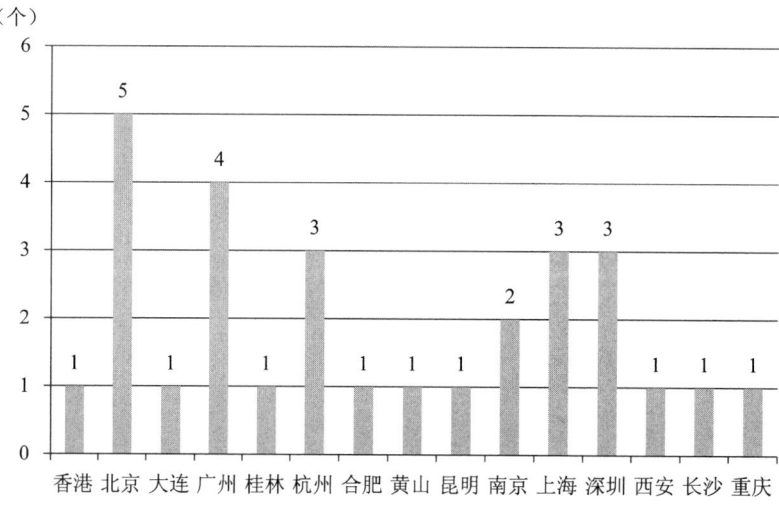

图3-13 传统旅游企业集团注册地或总部地数量的城市分布

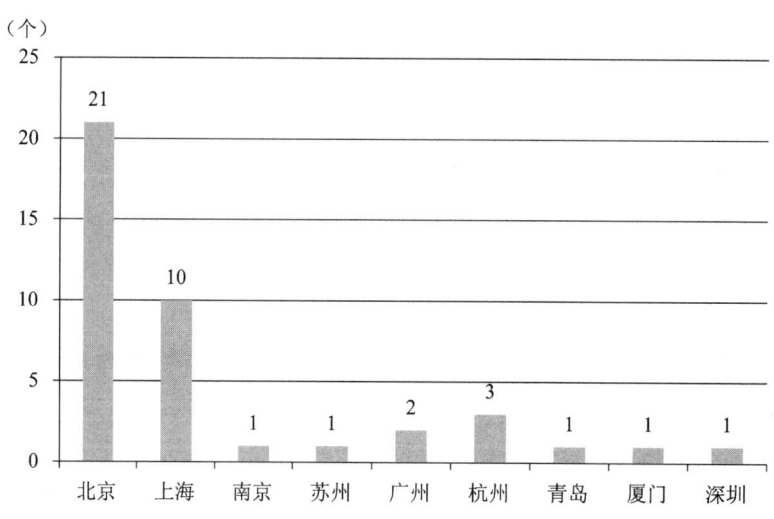

图3-14 新兴旅游企业注册地或总部地数量的城市分布

表3-1 旅游企业注册地或总部所在地一览表

序号	传统旅游企业(1~29)/新兴旅游企业(30~70)	注册地或总部地
1	中国港中旅集团公司	香港
2	北京首都旅游集团有限责任公司	北京
3	中国国旅集团有限公司	北京

续表

序号	传统旅游企业（1~29）/新兴旅游企业（30~70）	注册地或总部地
4	海航旅业控股集团有限公司	北京
5	中青旅控股股份有限公司	北京
6	万达旅业投资有限公司	北京
7	大连海昌旅游集团有限公司	大连
8	广州岭南国际企业集团有限公司	广州
9	广州广之旅国际旅行社股份有限公司	广州
10	南湖国旅	广州
11	长隆集团	广州
12	桂林旅游股份有限公司	桂林
13	杭州市商贸旅游集团有限公司	杭州
14	开元旅业集团有限公司	杭州
15	浙江省旅游集团有限责任公司	杭州
16	安徽省旅游集团有限责任公司	合肥
17	黄山旅游集团有限公司	黄山
18	云南世博旅游控股集团有限公司	昆明
19	南京金陵饭店集团有限公司	南京
20	江苏舜天海外旅游有限公司	南京
21	锦江国际（集团）有限公司	上海
22	春秋旅游集团	上海
23	上海航空国际旅游（集团）有限公司	上海
24	华侨城集团公司	深圳
25	宝中旅游	深圳
26	深圳中国国际旅行社有限公司	深圳
27	西安曲江文化产业投资（集团）有限公司	西安
28	华天实业控股集团有限公司	长沙
29	百事通	重庆

续表

序号	传统旅游企业（1~29）/新兴旅游企业（30~70）	注册地或总部地
30	去哪儿网	北京
31	艺龙旅行网	北京
32	蚂蜂窝	北京
33	穷游网	北京
34	滴滴打车	北京
35	面包旅行网	北京
36	快捷酒店管家	北京
37	筷子旅行网	北京
38	来这游旅行网	北京
39	佰程旅行网	北京
40	发现旅行网	北京
41	假日阳光环球旅游网	北京
42	速8酒店	北京
43	桔子酒店	北京
44	酷讯旅游网	北京
45	途家网	北京
46	住哪儿网	北京
47	小猪短租	北京
48	美团网	北京
49	蚂蚁短租网	北京
50	世纪邦旅行网	北京
51	携程旅游集团	上海
52	景域国际旅游运营集团	上海
53	在路上	上海
54	如家酒店	上海
55	汉庭酒店	上海

续表

序号	传统旅游企业（1~29）/新兴旅游企业（30~70）	注册地或总部地
56	锦江之星	上海
57	格林豪泰	上海
58	悠哉旅行网	上海
59	酒店哥哥网	上海
60	蝉游记	上海
61	途牛旅游网	南京
62	同程网	苏州
63	7天连锁酒店	广州
64	国际青年旅舍	广州
65	快的打车	杭州
66	布丁酒店	杭州
67	阿里旅行	杭州
68	尚客优	青岛
69	欣欣旅游	厦门
70	我趣旅行网	深圳

第四章 小时代与大梦想

我们正面临一个前所未有的好时代。这个时代是国民大众追求自己幸福生活的小时代和中华民族伟大复兴的大梦想共存的时代。这个时代，是技术革命，包括互联网、大数据、移动通信、云计算等技术飞速变迁，并改变我们日常生活的时代，是一个年轻人越来越追求自己小而确切的幸福的时代，也是一个包括实现旅游强国、培育强大的旅游市场主体在内的两个百年梦想正在到来的新时代。这正是旅游商业思想产生的最伟大的时代根源。

一、我们所处的新时代为商业思想的形成提供了最坚实的土壤

从时代背景看，中国的时代变迁正在从一个早期的封闭红利，通过人口的红利走向一个改革开放驱动的新时代红利的时期。中国正在以前所未有的速度融入世界。从2001年以来，十几年的变化比得上过去几十年、上百年的变化。社会环境的变迁，前所未有的变化，让人们可以堂堂正正、光明正大地去追求自己的财富。我们的企业家和我们的市场主体不能辜负这个时代，不能辜负年轻人追求幸福的这样一个目标和价值取向，也不能辜负两个百年梦想的中国时代。这就是我们最大的驱动力和牵引力，也是现代旅游商业思想形成的土壤和根源。

2001年，中国加入WTO，市场之门被进一步打开，以放松管制为导向的改革正在把更多的权力下放给协会，还给市场。管制的放松、权力的下放、外来资本的进入，推动中国的旅游企业越来越按照市场规则、法规制度和国际惯例进行运营。越来越多的企业盯住市场的资源，而不是政府的资源来创新，这是一个历史的进步。1999年以国庆"黄金周"为标志的国民旅游的兴起，使旅游产业开始回归以满足大众市场需求为核心的发展阶段。以互联网为代表的信息

时代的到来以及自助旅游的兴起，正推动旅游产业界做出相应的产品和服务的回应。

携程重新定义了客源组织和旅游服务的模式，海航旅业也不仅仅是酒店建设、邮轮和支付卡的引进，而是让传统业界看到了新经济的力量。布丁酒店将小而时尚带入经济型酒店，蚂蜂窝开放了游客分享攻略和游程的平台……正是这些出于对国民大众旅游休闲市场根本需求的系统把握，企业商业模式创新和旅游产品、服务的开发扎实地落在了时代所提供的产业土壤上，孕育并绽放出美丽的思想之花。正如约翰·杜威说："谁拯救了我们，谁就是我们的英雄。"在旅游新时代，谁能满足大众需求，谁就是成功者。

二、科学技术的飞速发展正打破常态，推动新思想的产生

如果没有科学技术带给社会革命性的变化，而继续沿着农耕社会的封闭体系发展，就不会有时代的变革。当封闭体系被打破的时候，思想就会被撬动。常态化发展被打破了，就会进入一个新常态。科学技术的飞速发展正在打破旧的封闭体系，正在为新思想的产生创造前所未有的环境和机遇。

技术让世界变平了，每个人都可以方便地获取信息。大数据、云计算、互联网带来的开放、包容、共享让一切的创新创造成为可能。无论是以蚂蜂窝、穷游网为代表的旅游社区，以滴滴打车、快的打车为代表的打车软件，以携程、艺龙为代表的OTA，以途家、蚂蚁短租为代表的短租网站，以去哪儿为代表的搜索引擎，还是新兴的为酒店提供优质客户的酒店哥哥网和为出境自由行游客提供资讯服务的发现旅行网，它们存在和发展的基础，正是基于共享理念的平台和资讯服务。在信息不对称时期，这一切都无法想象。而现在，一切都变为可能。

技术的发展为人们的旅行生活提供了便利，让我们用一个现实中的旅行案例进行解读。一位APP发烧友的朋友通过微信分享了移动互联网带给他的旅行便利。确认出行前五天，通过"高铁管家"预订从合肥到北京的高铁票（到车站可以免费领取一瓶矿泉水）；从住处出发到火车站，用"滴滴打车"叫了出租车，尽管已经停止了对乘客的补贴，但是可以扫"支付宝"钱包，付10元赠5元；在火车上用"去哪儿"搜索并在携程上预订了晚上入住的酒店；路途上无聊可以干N多的事情，用"优酷"看视频（提前缓存），在"微信"上与

朋友们一起"天天爱消除",当然更可以听"QQ音乐"或者"懒人听书";到北京下车后,用"百度地图"输入酒店的名称,根据语音提示步行到附近的酒店;晚餐时间用"淘点点""客如云"搜索预订了附近的美食;餐后回到房间,扫一下二维码,把手机变成电视、音响、灯光、窗帘等设施设备的统一遥控器,开始享受一个温暖的晚上。

这位朋友的旅行经历绝非典型个案。越来越多的旅游企业正在技术、创新和消费需求引领之下,进行着商业创新。基于互联网的生活和旅行方式正在成为主流,技术进步正在不断扩大商业创新的基础。1994年,中国互联网全功能接入全球互联网,地球成了村庄,世界变平了。2013年,中国在线旅游交易额就达到了2181.2亿元人民币。截至2014年6月,我国网民人数达6.32亿,手机网民人数达5.27亿。网民的上网设备中,手机使用率达83.4%,首次超越传统PC端(80.9%),成为第一大上网终端设备。截止到2014年第一季度末,核心旅行服务企业移动端的累计下载量分别为:去哪儿网20 000万、携程旅行网12 000万、艺龙旅行网6000万、同程网3500万。互联网和移动互联网正快速地渗透到我们生活的许多方面,并成为国民旅游创新的重要支撑。设若没有移动通信、没有互联网、没有大数据,也没有这些年的信息化工程的基础架构,我们依然只能"在家靠父母,出门靠朋友",或者有钱的靠旅行社,有权的靠政务接待,技术与国民需求依然无法对接。市场开放、互联网和移动通信技术的广泛应用,正改变着传统的依靠权力、垄断、金钱、关系所构建的商业体系,正打破禁忌,将信息对称、便利化分享于民。时代的急速变革,也正是商业思想大爆炸的必要条件。

三、资本的广泛介入改变了市场格局,为商业思想的形成提供了最丰富的资源

丰富多彩的上市、投资、并购、合作的商业实践正是商业思想产生和演化的生生不息的资源。中国加入WTO后,引发中国价值观的变化,这个变化迫使中国在开放的社会中间,实现由官本位到资本位的转变,过去政权是配置资源的最重要的部分,现在资本在资源配置中的作用越来越强。

旅游企业上市不仅可以解决企业的融资问题,同时也解决了市场规则问题,可以按照上市公司的要求规范公司发展。无论是2013年11月的去哪儿上市,

还是 2014 年的众信旅游和途牛旅行网上市，也是旅游企业参与全球竞争和发展的需求体现。旅游市场的良好发展，引发 PE、VC 的关注，通过注资等方式，分享旅游企业的发展成就。据不完全统计，2006—2013 年，在线旅游方面的相关投资事件共 100 起，融资的相关主体共计 75 家，融资金额估计不低于 30 亿美元。除了本报告第一部分所提及的旅游企业海外扩张，国内市场的投资、并购合作活动也异常活跃。仅 2014 年，发生于旅游企业的资本活动就非常丰富：海航与虹溪谷联合打造黑吉辽高尔夫度假地；携程战略投资途风网；中青旅与耀莱集团战略合作；如家收购云上四季酒店，与台湾福泰饭店集团建立战略合作关系；开元旅业集团签约长兴水口天地度假项目，信托收购上海松江开元名都，与河北盛泰集团签约沧州盛泰开元温泉度假酒店项目；欣燕都酒店连锁公司收购雅客怡家快捷酒店管理公司；万达先后并购深圳、青岛、无锡、浙江、南京、湖南等地的 8 家旅行社，加上 2013 年万达对旅行社企业的收购，旗下旅行社已达 12 家；阿里巴巴投资佰程旅行网、入股石基信息、将淘宝旅行升级为独立品牌"阿里旅行·去啊"，等等。资本广泛介入旅游发展，为旅游经济体系的市场创新提供了源源不竭的动力，也为传统产业的现代转型插上了规则的翅膀。而动力机制和共同遵守的规则正是旅游企业源源不断的创新行为最为根本的保障。

四、年轻的创业群体正成为商业思想形成的主体

年轻人广泛而多样的旅游需求给了旅游市场成长最大的商业基础。以年轻人为主导的价值观的变化，导致创业正在照耀旅游的星空。创业、创新、创造正在成为时代的主旋律。2014 年，国家工商总局发布的《全国小型微型企业发展情况报告》显示，我国中小企业创造的最终产品和服务价值相当于国内生产总值总量的 60%，纳税占国家税收总额的 50%，完成了 65% 的发明专利和 80% 以上的新产品开发。正是年轻人创业、创新、创造的激情，推动企业家群体不断地去思索、不断地去探索，新的商业思想也因此而产生。

从市场需求的角度看，1980 年以后出生的年轻人正在成为旅游消费的主力人群，他们是第一批在互联网环境中长大的一代，自主、自助、自由的消费模式进一步扩大了散客化趋势。"年轻人正在改变旅游的世界"，不仅仅是从需求的角度，也是从创业和创新的角度去说的。年轻人的影响正在跨越国界，在更

大的范围内影响旅游产业格局。近年来,中国出境旅游的高速成长已经引起了全世界的关注。2013年,中国内地的出境旅游市场已经达到创纪录的9819万人次,在世界各地消费了1290亿美元,成为全球最大的旅游客源地和消费支出国。保守预测,到2020年,这两个数据将分别达到2.5亿人次和1500亿美元。其中,45岁以下的青年游客依然是出境旅游市场的主力。年轻人旺盛而多样的旅游需求正是创业者创新的根本推动力量。

从旅游市场供给的角度看,年轻的创业群体正成为旅游市场革新的主力军和旅游商业思想的重要贡献者。对27家新兴旅游企业(包括去哪儿、携程、艺龙、途牛等)的30位创始人的调查显示,25~30岁的创业者占43%,31~35岁的创业者占13%,36~40岁的创业者占37%(见图4-1)。也就是说,93%的创业者创业时的年龄不超过40岁,他们是旅游企业创新的中坚力量。最特别的是季琦先生,他是携程网、如家酒店、汉庭酒店的创始人,从33岁到39岁,共创业三次,形成了三家上市公司。

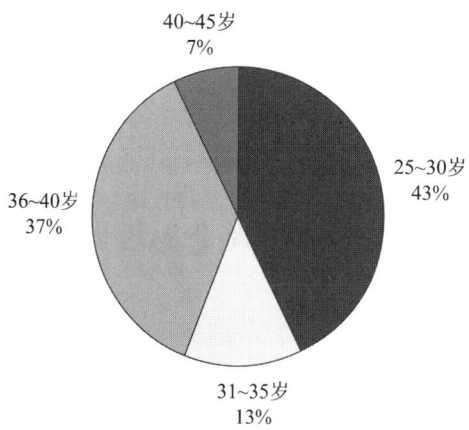

图4-1 27家新兴旅游企业创始人年龄分布

正是这些充满激情、智慧,有着敏锐的市场观察力和良好的行业判断力的年轻创业群体,他们正以他们的创业、创新为旅游产业的发展提供源源不竭的动力,他们将技术和市场相融合,形成了引领游客消费的去哪儿网、携程网、同程网、艺龙旅行网、途牛旅游网、蚂蜂窝、穷游网、佰程旅行网、如家酒店、汉庭酒店、布丁酒店等旅游新兴业态,在满足国内游客旅游需求的同时,更跨越国境,在全球竞争的舞台上继续绽放他们青春的风采。这些年轻创业者的商业思想，正对中国旅游产业的发展起到巨大的推动作用，正在影响并改写着旅游的历史。而他们，这个年轻的群体，正日益成长为旅游商业思想形成的重要主体。

经过市场竞争成长起来的，传统旅游企业中的青年商业领袖也同样把目光投向更加广阔的国际市场，包括锦江国际、香港中旅、开元旅业等大型企业正在其年青一代的高管团队的领导下，通过并购、新设、联盟等方式在世界旅游经济体系承担更大的责任。

第五章　世界眼光和中国气派

新的历史时期，我们需要什么样的商业思想？我们需要符合历史演化规律，能够与国际进行对话，引领产业发展的商业思想。我们的旅游企业家要有高度的理论自信，做科学旅游观的贯彻者、落实者和践行者，成为推动旅游发展的坚实主体。我们的旅游企业家还应该有高度的理论自觉，将个人的商业思想、商业精神自觉地运用到科技进步中去，投入到社会变迁中去，试验于中国旅游产业发展的实践中去，在千千万万个大众旅游者的需求中去验证。继续坚守世界眼光和中国气派，才能找到未来。

一、以国际视野为指引，用思想驱动企业发展和社会进步

中国的企业家要积极地思考全球普适的或者叫全球公认的主流的商业思想和价值观，要全面了解并关注途易集团、托马斯·库克集团、运通公司、日本交通公社集团（JTB）、雅高集团以及香格里拉酒店集团这样一些顶尖的旅游企业的变革发展过程。像JTB，课题组去调研的时候，老板对我们说现在正担心啊，过去JTB主要面向"60后"出游的需求，现在"80后"成长起来以后能不能跟上他们的发展。因此说他们也在变革，他们更多地去关注自己和一个时代变迁之间的关系，与时代同步。

1. 学习国际上一些主流的商业思想

洛克菲勒、艾柯卡、松下幸之助、李嘉诚、乔布斯等，他们以一个企业家的身份为社会贡献的，不仅仅是一个改善人类生活的产品，更为人类思想的演化贡献了宝贵的精神财富，他们应当成为我们的标杆。松下幸之助的自来水思想正是源自他对企业社会责任、社会意识和服务的看法："把大众需要的东西，变得像自来水一样便宜。"松下幸之助认为企业的使命就是，消除世界贫困。

比方说，水管里面的水固然有其价值，然而喝路边的自来水不用付费也不会受到责备，这是因为水资源相对丰富。企业的社会责任也同理，正是让世界物资丰富以消除一切不方便。

原全球首富巴菲特，创个人慈善捐款纪录，他的行为影响了乔布斯、比尔·盖茨等一批企业家。当钱挣到一定程度的时候，他们思考的是关于人类未来的大思想。携程旅行网CEO梁建章研究人口经济学，如果他的成长发展历程在国内完成的话，很难做出来。为什么最近有些中国企业家愿意给美国的高校捐那么多钱，不捐给中国的高校，对于这个不要情绪化，那是企业家自己的选择，是他们自己可自由支配的财产，他当然要捐给自己认为用处最大的地方。

2. 学习国内外的经济思想、文化和价值观

路遥的《平凡的世界》、张承志的《北方的河》、查尔斯·狄更斯的《雾都孤儿》，都给人一种战栗感；商业方面，松下幸之助的《生活·工作·梦》也同样给人们带来战栗感。这些饱含思想的经典著作，让读者激动得睡不着觉，有一种被灼伤的感觉。马克斯·韦伯的《新教伦理和资本主义精神》中提到，一个年轻的贵族从城里来到乡下，看到了传统的生产方式，这时候他把分工的概念带进来，改变了传统手工业的制作方式。书中提到的这种企业家精神，同样给了读者非常大的一种战栗感，这就是我们应该做的事！而马克斯·韦伯对商业思想的贡献是出现在新教这样一个成为主流的宗教思想的时候，因为传统的宗教思想是不让赚钱的，他要去解决这个思想上的一种困惑、一种悖论：为什么要去赚钱？他给出了最后结论：为上帝赚钱。是上帝让我赚钱，我为上帝赚钱。财富取之于民，用之于民。在传统的农耕社会，社会最有权势的阶层是什么？掌握分配权，"普天之下，莫非王土；率土之滨，莫非王臣"这么一种概念。所以基督教的思想，给了这种企业家思想资源上最重要的一个来源。甚至包括社会上的一些其他政治组织的人物，包括曼德拉的思想，也包括死后葬在印度的特蕾莎修女，号称一辈子为穷人尊严而活的，诺贝尔奖金历史上第一个把诺贝尔奖卖掉，为穷人服务的特蕾莎修女。由于有这样一些普适的或者叫主流的价值观，才会产生最伟大的企业家。因此，我们的企业家既要学习西方企业家赚钱的能力，也要学习他们的商业价值观，一个没有价值观的商业、没有价值观的企业家是走不远的，一个没有思想去驱动的旅游企业是没有办法来让人尊重的。

3. 企业家应该去了解一些中国自古以来的商业思想

从管仲的"仓廪实而知礼节"来为商人正名,到后面经过士农工商这样的排序,反复的博弈,中国的商人阶层走过了一条艰难困苦的道路。从陶朱公的思想,再去看《史记·货殖列传》,司马迁是个了不起的人物,伟大的人物,在为王侯将相立传的时候为商人立传。但是很长时间以来,中国的商业思想往往被官本位的思想所掩盖,传统的士农工商揭示了这样一种重农抑商的社会排序;《盐铁论》也有记载,最有效的资源或者是最稀缺的资源通常掌握在政府手里。胡雪岩为什么没有做大,晋商、徽商,徽骆驼精神那么努力为什么衰败了?中国的近代史上有一位真正意义的企业家叫盛宣怀。他是搞洋务运动的非常有代表性的人物,他创造了11项中国第一,包括中国的电报、银行、铁路、钢铁企业、图书馆、高等师范学堂,等等。他有一句名言:"我不管你坐着我的铁路去抓革命党,还是用我的电报去通电起义,我要为这个国家做的是物质财富的累积和商业文明的进步。"

我们的企业家,应该以国际视野为指引,用商业思想驱动企业的发展,用商业精神引领并带动一批批企业家群体,主动承担社会责任,主动投入到推动社会进步的大潮中,为社会的发展做出企业家应有的贡献。

二、主动参与全球分工,做强中国旅游企业

我们要在国民大众旅游,特别是出境旅游大发展的推动下,做强中国旅游企业,形成具有全球竞争力和影响力的商业成就。在我们的背后,到2020年,我们将产生60亿的国内旅游和出境旅游的总人次,人均出游达到4.5次;在我们的背后站着一个即将成为全球GDP最高的国家;在我们的背后站着一个世界上最大的出境旅游客源国和消费国。由于我们的政府坚持"人民群众对美好生活的向往就是我们的奋斗目标"这样一种执政理念和治国导向,中国的企业家和市场主体应当有这个自信,主动地参与到全球范围内的旅游分工和市场竞争,把中国市场的规模优势,把中国产业发展的资本实力,转化为中国企业家的话语权,转化为中国旅游企业的市场和全球影响力。

我们还必须在开展平等的国际合作的基础上,基于我们的商业实践和思考,大胆倡导国际旅游新理念、新道路、新模式。旅游是一种生活方式,也是基本人权。让人类在大地上更加自由、更有尊严地行走,这是中国人的出境梦,也

是全世界人民共同的旅游梦。旅游全球化和服务贸易自由化是一个渐进的市场发育和制度创新的进程，从现实的眼光来看，发展区域旅游交流与合作，务实、高效地推动区域内各国公民更少障碍，乃至无障碍的旅游活动是一项基础工程。区域旅游既是旅游全球化和服务贸易自由化的现实路径，也是旅游全球化和服务贸易自由化的成果表现。只有人民与人民之间的交流多起来，旅游市场的基础才可能真正牢固。只有产业与产业之间彼此融合，国际间的旅游交流合作才可能走向可持续发展的未来。

随着中国出境游市场价值的凸显，已经有境外的酒店集团推出了针对中国游客的"欢迎"计划，还有专门针对中国市场新开发的高端品牌。这体现了国际旅游机构一如既往的市场敏感性，也显示了中国本土的旅游企业还没有用足、用好难得的市场机遇。从客源市场的双向交流到更加广泛的产业合作，将是中国旅游业界与世界对话的战略导向。上海锦江国际通过资本市场已经成功并购了美国的一家第三方饭店管理公司，其旗下的经济型酒店品牌"锦江之星"也进入了菲律宾和法国市场。作为中国石油集团在旅游领域中的战略布局，其成员企业阳光酒店集团已经做好了在中亚、中东、北非、中欧、东亚等区域的布局准备。还有中国国旅、香港中旅、携程旅游、海航集团、开元旅业等众多企业也开展了大量的海外业务，有必要推动目的地国家和地区政府能够为来自中国的旅游投资商、旅游运营商创造更加宽松的商业环境。中国旅游企业的存在不仅可以为中国公民提供更高品质的旅游服务，也必将有利于商业形态和产业组织的创新。

在不久的将来，全世界不仅可以看到更多中国游客的笑脸，而且还可以听到更多中国旅游企业参与国际合作和竞争的声音。中国的旅游企业，也将在与全球旅游企业的竞争中，做出中国气派，依靠我们企业的竞争力和影响力，在全球旅游市场上发出更加响亮的声音。

三、围绕百姓需求，坚守中国梦想

在我国旅游大众化发展阶段，当前和今后一个时期内影响我国旅游业的基本矛盾仍然是，广大人民群众日益增长且日渐变化的旅游休闲需求与非均衡的产业结构且相对滞后的发展模式之间的矛盾。商业模式创新和企业家商业思想的形成，是我们解决当前发展基本矛盾的核心问题。

1. 旅游企业家应该成为人民群众实现旅游梦想和不断提升生活质量的直接推动者

从秦始皇冬巡,从徐霞客科考,从李白的漫游到晚明的侯涛东、李香香这些人在秦淮河畔的游憩,中国自古以来不缺旅游的活动或者旅游元素,但是哪些人可以享受旅游的这种福利呢?少数人过上一种优雅的生活方式,是以百分之九十九的人群拼死拼活地在土地上劳作为代价的。到近代,有人到北戴河去度假,搬到北戴河去休假,但那依然是少数人的权利。直到1921年,陈光甫先生为了与国际上的旅行社进行竞争,为了中国老百姓的福利和旅行福祉,创办了上海商业储蓄银行旅行部,1927年,改名为中国旅行社,开启了中国旅游业发展的新篇章。我们的旅游企业家应该从历史的角度,纵横两万里,上下五千年,找到一个商业思考的新坐标。一纵一横的坐标定完以后,方向就出来了,但是方向是什么,是适应时代的需要,紧紧盯住国民大众的旅游需求,为中国老百姓的旅游福祉,为两个百年中国梦的实现,构建、建设一批有世界竞争力的旅游品牌。

2. 旅游企业家,要在国家旅游发展战略过程中,实现我们的产业梦想,要改变社会对旅游行业性质的认识偏见

过去和现在都有观点认为,旅游业就是为人们生活锦上添花的行业,因而不那么重要。确实,由于我国长期处于发展中的积累阶段,"重生产、轻消费"的观念比较盛行,在这种情况下,制造业得到了更多的关注。即使这些年来国家开始重视服务业的发展,人们也更多重视的是服务业中的生产性服务业。那么,我们为什么说旅游业作为生活性服务业也很重要呢?这是因为生产本身并不是目的,生产的最终目的是消费,我国正在进行的经济发展方式转变,其要点之一就是促进经济增长由主要依靠投资、出口拉动向依靠消费、投资、出口协调拉动转变。旅游业是为人们进行旅游消费提供支撑的行业,而且这种旅游消费正处于持续快速增长的黄金期,因而旅游业对于国家扩内需、促转型的战略具有重要意义,这也正是《国务院关于加快发展旅游业的意见》将旅游业同时定位为"国民经济战略性支柱产业"的重要依据。2011年,我国城乡居民旅游消费已经占到最终消费的8.4%,占到居民消费总支出的11.6%,上述比重还在增加中。进一步说,发展旅游业也是民生改善的需要。过去老百姓有句俗语用于描述小康生活的理想,"吃有肉,住有楼,还有余钱去旅游",这充分说明了老百姓对于旅游的向往。2013年3月,习近平总书记在俄罗斯中国旅游年

开幕式上的致辞中指出，旅游是人民生活水平提高的一个重要指标。充分说明了旅游在社会经济发展中的重要作用。

3. 旅游企业家，要在旅游创业和商业创新中，实现我们员工的梦想，要改变社会对旅游职业的认识偏见

有的观点认为，旅游业是"伺候人"的行业，因而低人一等。很多从业人员自己也有类似的认识，从而对旅游行业缺乏认同感，对工作不愿意尽心尽力。"伺候人"是不是就低人一等？从广义上说，在分工非常复杂的现代社会，每个人都可以说是在为其他人服务，同时又享受其他人的服务。旅游业虽然提供的是直接的人员服务，但是和间接提供服务的其他行业具有同样的尊严。旅游业社会形象好不好，并不是由旅游业生活性服务业的性质决定的，而是由我们能不能提供给游客满意的服务决定的。对工作不愿意尽心尽力，既是旅游行业近年来社会地位和员工薪酬持续走低的结果，也是原因。实际上，只要我们不断提高服务意识和服务技能，提供给游客足够价值的服务，就能够从中获得相应的回报，而不需要搞什么"零负团费"、欺客宰客。以服务换回报，这才是从业人员、企业乃至整个行业发展的正道。

旅游商业创新与发展，还要为实现中华民族伟大复兴的中国梦，为建设旅游强国的目标做贡献。实现中华民族的伟大复兴，是中华民族近代以来最伟大的中国梦。例如我们发展红色旅游项目，是党中央、国务院决定的一项重要的政治工程、文化工程、富民工程和民心工程，可为实现中华民族伟大复兴的中国梦，不断增加正能量。旅游企业发展要为广大人民群众服务，要让广大人民群众享受到旅游业改革发展的成果，不断提高人民群众的幸福指数。要深入思考旅游企业与提高人民群众福祉的关系，并从战略上、理论上深入研究旅游企业发展在国家经济、文化、社会及外交工作中的作用，更好地为国家经济社会发展服务，为实现中华民族伟大复兴的"中国梦"服务。旅游企业家要为实现中华民族伟大复兴的中国梦而努力奋斗，成长为具有国际竞争力的旅游市场主体，做大做强；旅游企业发展要为全面建成小康社会和提高人民群众生活水平做出更大贡献，服从服务于国家总体外交大局。

企业家要能够主动跟上时代的变迁，把大数据、云计算、互联网等真正作为推动企业发展的战略性资源，把"80后"、"90后"等一批年轻人重新拉回到旅游行业中来，培养他们，帮助他们成长。用现代服务业的理念，现代旅游业的服务方式来改造传统的旅游服务业，改造传统的业务流程，从而重构在新

的历史时期内旅游企业的商业能力。

通过旅游从业者的努力，重新寻找旅游服务的价值观，重新寻找旅游在大众化发展时代，在国际竞争中的价值和尊严，赢得别人的尊重。尊严从来都是有代价的，企业家应当能够从国际视野当中，能够从中国五千年文明演化的历史进程当中，最大限度地吸收中国的思想资源，能够在为60亿旅游人次，以及未来更多的潜在消费者的旅游福祉提升中，找到企业的尊严和价值。

在以上总体方向的引领下，旅游集团应当更多思考全行业的发展问题，应该更多思考全社会的发展问题，应当更多思考全世界的发展问题，在战略性问题上发出他们的声音和影响。以一个行业集团、一个企业家群体的形式，共同建立更多的旅游智库机构，推动完善旅游商业精神文明和上层建筑体系，合作共赢，合作发展，为形成中国旅游业发展的"中国气派"，为实现个人、企业和国家的"中国梦想"，为提高旅游行业的社会地位共同努力。

在一个转型的、变动的社会中，企业家群体的成长必然会有更多的艰难困苦，一个马云站起来了，会有千千万万个马云倒下去的。天底下没有一蹴而就的事情，所以企业家们要坚守，要耐得住寂寞。不要跟风，也无须焦虑，只要人民群众有需要，只要我们的脚能够踩在中国梦想实现的大地上，只要我们的身心能够感受中国五千年文明这样一种思想文化资源的熏陶和滋养，我们就能够不辜负这个时代，就能够推动我们的商业，最大限度地走向自觉的社会导向，并成为一支独立的力量，来推动中国旅游业真正走向市场主导和企业主体的全新发展阶段。

第二编

2014年中国旅游发展论坛实录

圆桌论坛一　商业思想与产业发展

主持人：中国旅游研究院院长　戴斌
嘉　宾：华侨城股份公司董事长　刘平春
　　　　上海春秋国旅总裁　肖潜辉
　　　　首旅股份公司董事长　张润钢
　　　　携程大交通部 CEO　李小平
　　　　海航旅游集团副总裁　方伐
　　　　蚂蜂窝创始人兼 CEO　陈罡

戴斌：谢谢各位，谢谢陈妙林董事长，我参加了很多次圆桌论坛，第一次碰到这么有质感的椅子，一般是沙发，可以看出我们南方的品位，希望我们的谈话更有品位。请问一下蚂蜂窝陈总，您做旅游业是哪一年开始的？有几年时间了？

陈罡：我是 2011 年 3 月才注册了公司。

戴斌：也就是不到四年的时间，您就可以坐到这个台上跟我们几位业界大佬们在一起讨论了，我为了这一天奋斗了 20 年。所以，我想先听您说说吧。

陈罡：首先，非常感谢给我这样一个机会和大家进行分享和汇报。其次，今天也非常高兴能听到在场各位领导和前辈分享关于行业的一些真知灼见。蚂蜂窝这样一家新兴的在线网络旅游公司，2011 年 3 月成立，我相信很多同仁用过我们的产品就是旅游攻略。今天蚂蜂窝成为中国最大的旅游社区网站，我们有超过 5000 万的会员和用户。刚才前面几位大佬都提到现在的旅游市场已经发生了很大的变化，"80 后"、"90 后"成为市场的消费主体，整个用户的行为和消费习惯已经发生了翻天覆地的变化。对蚂蜂窝来说，我们有超过 80% 的用户来自移动互联网，我们也都知道，旅游实际上是和移动密不可分的，大家也都非常在意在移动互联网上的布局。无论是 OTA，还是大型的酒店集团，包括景区，大家对这块市场的发展都非常重视。对于蚂蜂窝来说，我们在这方面的进展，也是我们能够在这个行业迅速崛起的一个原因吧。

戴斌：谢谢您的回答。我们今天谈商业思想，谈了大半天以后，我觉得唯一一个直接贴题，像老师答题目一样回答的是刘总。从乔布斯开始讲起，然后讲商业思想。商业思想往大一点来说是商业哲学，往小来说就是北京大学的保安。北京大学的保安每天问三句话，你从哪里来，你找谁，干什么。说到底，我们对一个关系的理解，是在历史发展的纵坐标和行业发展的横坐标中寻找，这个关系包括我们和消费者的关系，和同行的关系，和政府的关系，和社区乃至未来的关系。我刚才听了一下，张总讲渠道商每年从酒店业中间挣了 30 亿元佣金，酒店亏损了 21 亿元，我知道这个酒店是星级饭店，我所理解的 OTA 挣的佣金是指所有住宿业的年增长的佣金。我注意到您讲到供销关系，您用了"压榨"这个词，这是情绪性很强的词，张总能否补充一下对"压榨"这个词的理解，是否带有情绪性的。如果李总少挣一点你的钱，您是否就高兴一点。

张润钢：首先我说的这个"压榨"是带引号的，我觉得行业要自省，行业不自省，做不出渠道来，就要接受别人的剥削，根本问题在于行业。我们回想饭店业形势好的时候，饭店业压榨旅行社，也压榨客人，所以商业就是这么一个规则，谁强势谁就多获取利润，我说的是这个意思。饭店业还是要自己想办法，还要靠 OTA，OTA 也有存在的必要。但是，目前在 OTA 和整个酒店业的博弈中，酒店业太过弱势，OTA 太过强势。酒店业太过于弱势，有自身的原因，也有市场的原因。我说这些，也是提醒业界的同行们要自省，要创新，要反省。

戴斌：那您说的"剥削"也是带引号的吗？

张润钢：带引号的。

戴斌：您说饭店业以前也剥削其他行业，我就想到一个有意思的话题，就是旅游和航空公司是一个什么样的关系。航空进入旅游业是顺理成章的事情，而旅游业进入航空，搞旅行社的，要不要买飞机？而恰恰春秋在这个过程中是做旅行社出身的，又把航空做得非常成功。能否请肖总谈一下供销关系，或者渠道商和供应商的关系。我们进这个行业，是否要破解张总讲的难题呢？是否要进到航空这个领域呢？

肖潜辉：春秋进入航空是被逼出来的。春秋在 2004 年成立航空公司之前，当时的规模是可以批量做包机，平均一年大概是 8000 个架次的包机量，持续几年后我们发现,全是给航空公司打工,所有的风险都在我们这儿。走出国门看一下海外的跨国旅游企业同行,他们都发展到了一定程度,都有了自己的航空公司,但是基本上都是包机航空,所以后来我们公司没有办法,就只好自己去做航空。

现在,我们公司是"航空+旅游+互联网"的商业模式,这里面有一个非常良性的互动,我们一年差不多能够用到航空10%左右的运力。我们采取完全市场化的价格,也就是招标的方式,因为航空部分马上会上市,证监会对关联交易都有非常严格的管控。所以,我们也是完全按照市场的方式,消化掉航空10%左右的运力。10%这个数字是非常符合国际惯例的,因为在全球的航空公司中,有一个数据,10%的客运量是来自包机航空,这给我们提供了一个非常大的资源优势,同时也给了航空公司一个有效的协同。但是这里面,实际上在互联网冲击的情况下,这种协同要有效,也是必须要做出变革的。我想最最重要的一个变革,我们航空公司的票差不多80%是在互联网上卖的。我们和全球的服务性公司合作,销售费用会有大幅度的降低,尤其航空公司在分销里面容易产生腐败,我们在互联网上完全可以把它隔离在外。

戴斌:您能对"腐败"这个词稍微展开跟我们说一下吗?

肖潜辉:因为航空的分销,特别是在国有体制下面,非常容易产生寻租问题。因为包机都是旅行社,包机公司是小公司,他们会用糖衣炮弹进攻营销的领导,最后给一个很低的价格,航空公司吃亏了,营销的领导进去了。我们每年组织公司的员工进行一次廉洁教育。我们去监狱参观的时候,我问有没有我们这个行业的教育,贴近我们公司的,他说有航空公司营销领导关在我们这里,这是一个非常大的难题。如果通过互联网的话,这个问题可以得到有效管控。现在我们开始用移动互联网,像各位嘉宾提到的,这种碎片化时间的销售,也能产生非常高的营收。

戴斌:我们可不可以理解旅行社对航空公司也是一个渠道商?

肖潜辉:是的,是重要的渠道商。

戴斌:渠道商曾经也痛苦过,给别人打工了,自己没有挣到钱。

肖潜辉:是的。

戴斌:现在春秋航空跟其他的航空公司相比,其他的航空公司也进入了一个相对有竞争力的状态。好比我的游客到各地去不用组建自己的车队一样,将来我们会继续做大航空这一块,旅行社涉及的供应商都会介入?

肖潜辉：我们公司目前的营收贡献率，航空已经超过了旅游，利润的贡献率也已经超过了旅游，未来我们集团可能是航空驱动的。我们的规划也是国家民航总局批准的，到2018年我们会有超过100架飞机，都是自有飞机。我们今后也会面临更加严格的市场监管，我们除了是自己航空公司的一个渠道之外，还会跟很多航空公司合作，包括丁总这边的神舟航空，以及各大航空公司，外国的航空公司都是我们合作的对象。反过来，我们的航空公司也会面向全国的旅行社行业来开放我们的飞机，我们已经做了这样的决定，所有的旅行社和OTA包我们的飞机都没有任何问题。

戴斌：不会因为它不是春秋旅行社而给它设置障碍，一视同仁。可以理解为是开放的、共享的平台吗？

肖潜辉：是的。今天张总也讲到中青旅平台化的一些思路，其实我们旅行社，虽然是很传统的业态，但是我们几乎在所有的环节都在做平台。举一个例子，我们现在做的是门店平台化，与我们的同行相互卖对方的产品，我们可能和医院合作，和便利店合作，这些都正在谈。比如，我们可以给便利店提供一些我们门店里的便利，甚至我们可以做设计服务，比如你在京东买的商品，我们可以免费代收等。另外，我们的产品没有像携程、像吴总那么大的一个平台，但是在我们有限的平台范围内，我们的产品也在开放给我们的同行。我们甚至在做一个尝试，把我们的资源开放给平台，把我们旅行社的资源开放给别的平台，包括我们去买断酒店，比如陈总的开元酒店，我包了一万间的房，是最低价，付了定金，我们要把包到的开元酒店的客房，零利润提供给我们的同行。我们现在正在做这件事情，现在已经开始试点，10多个同行，说来开会的时候，他们愿意来参与。我们希望今后所有参与我们资源平台的同行也把他们最优势的资源零利润放在这个平台里面，然后我们来共享。

戴斌：也就是说您的收益来自于大家彼此的共享。

肖潜辉：是的，最重要的是我们在资源端有一个更大的规模和话语权，这是我们所追求的，因为这能持续降低我们的产品采购成本。

戴斌：这样的话，陈总就更着急了，你弄这么一堆人过来，就有更大压力的。

肖潜辉：没有，有些接受，有些不接受。互联网行业，我们都在学习，大家在融合。就像张总谈到星级酒店和旅行社，以及航空公司，在剧烈变化下面我们都不适应。现在能做的就是学习，就是要改变，就是要创新，这就是新时代的一种商业思想。

戴斌：刚才谈到了企业间的合作和竞争，实际上我觉得还是围绕渠道和产业资本的问题，刚才我注意到刘总谈到渠道资本和产业资本的转移问题，也要做行业的引领者。我想问一下，刘总，像欢乐谷，我们的渠道，是自营的多，通过旅行社的多，还是通过OTA的多，还是和蚂蜂窝合作的多，有没有一些信息能跟我们分享一下？

刘平春：到目前为止，我们的公园销售还是以自营为主，但是迅速增长的这一块就是网络。网络增长很迅速，我们跟其他企业有一些合作，但是我们没有整体地跟企业合作，我们在某些领域跟部分企业有合作，比如说我们跟上海的驴妈妈合作。我们现在是两条腿走路，一条腿是我们自己建的网络平台，同时，我们也在寻求，可能要进入到渠道领域，能够共赢。

戴斌：不会像万达一样收购很多旅行社吧？

刘平春：不会，我们对线下旅行社的考虑还是不多的，这有点像你要喝牛奶，不一定要建牛奶厂，这是可以通过购买来实现服务的。但是在网络领域里面，是需要考虑实业资本是不是要跟渠道资本合作的问题，这是一个比较大的问题。因为网络不像门店。

戴斌：会不会对蚂蜂窝产生兴趣？

刘平春：最遗憾的是对中国旅游局的中国旅游网感兴趣，但是我们竞标没有竞到，被别人拿走了。

戴斌：我们讲了半天也是产业资本和渠道资本的关系问题，我知道海航提出一个重要的生态圈的概念。对于海航来说，除了航空以外，酒店、物业、金融、支付、旅行社，包括凯撒是你们并购的，构成了一个完整的生态圈。当时为什么提出生态圈这个概念？背后的因素是什么？原因有哪些？现在实现了没有？

方伐：说句老实话，院长，我回答不了这个问题。因为在旅游这个行业，我也是一个新兵，我是6月才到旅业集团来工作，今天来是学习的，心里非常忐忑不安。一来以后，我发现还是非常有收获，包括今天坐在这里的李总，是过去我在民航工作的同行。我在6月之前是海航旅游集团旗下的首都航空的总裁，我做航空。所以，我今天看到两个行业，旅游业和航空业，原来并不陌生，其实很近，今天都有这么多的交流。包括我们有30%的股权是首旅集团的，首旅集团今天有领导在这儿，所以我今天是来学习的。

海航旅游集团确实有非常丰富的内容，它要建立一个生态圈。这个生态圈的建设，有没有做成，或者怎么样一个思路，其实我还是很懵懂的。

戴斌：您是做航空的资深人士，从航空的角度看旅游会怎么看？

方伐：我先说一说首都航空吧。首都航空在2012年之前，是中国民航唯一的一家旅游包机公司，最早和春秋的经营范围是一样的，春秋后来可能由于旅游包机，对经营范围有所限制，就改成国际国内的客货运输。首都航空一开始就是一个旅行型的航空公司，至今我们的50架飞机，都是在主要的旅游景点和旅游城市间飞，主要分布在三亚、西安、杭州、丽江、北京等这些地方。我们最主要合作的渠道是旅行社。我们过去的想法是对所有的旅行社有一个公允的价格，接受大家的订座。现在我们融入到旅游集团下面，旅游集团旗下有凯撒旅游，所以现在在和凯撒旅游结合，也在摸索。我认为生态圈的结合，不是把所有东西放在一块儿就行了，而是让它放在一起自然而然形成自己的链条，这样的链条比我们设计的给他多少酒店按什么价格要好，我自己觉得它是一个自然发酵和成长的过程，但是我们希望它早一点成长得更好。

戴斌：谈了半天，我们围绕一个关系来看，就是供应商和渠道商之间的关系，或者是渠道商、供应商和同行之间的关系。接下来，我想对陈总这边了解更多一点，您是怎样定位这个公司的？

陈罡：我和在座的不太一样，做旅游，分为资源和渠道。资源就是航空公司、酒店集团，甚至大的景区。渠道，包括在线旅游一直都是以OTA为主，以渠道为王。从旅游这块来讲，我自己的理解，从传统和旅行社这个角度来看有两端，一端是组团社，一端是地接社。组团社是在市场上组织客源，地接社是完成车、导、门票，包括服务组织。现在越来越多的旅行服务正被PC端或者移动端所代替，越来越多的用户对旅游产品选择的自主性越来越强，无论是航空公司机票、酒店还是景区门票。我们和春秋航空也有对接，也在分销肖总的机票。为什么能分销这样一些产品和服务呢？因为在蚂蜂窝的网站和平台里面，我们有非常多的自助游客人，前面的分享和演讲，都讲到了，整个在线游市场已经逐步向"80后"、"90后"，向自助游和自由行的市场过渡。我看到旅游研究院的报告，戴院长提到散客化时代已经到来，因此，对旅游前端用户消费需求、行为的分析、把握和引导，会变成整个产业链上非常重要的一环。

从蚂蜂窝这个平台来看，我们一个简单的攻略产品可以和OTA和酒店集团打通，这里面有非常多样化的用户需求，能够通过蚂蜂窝攻略的引导，通过旅游评论和用户照片的引导,对后端的产品库存有很好的消化和释放。在蚂蜂窝这个平台里面,可以做不同的分销,因为我们有很庞大的数据,我们有超过5000万的用户,他们在里面分享游记的点评、照片等,评论是非常非常的重要,评论会决定用户的消费决策。在UGC的带领下,在个性化旅游消费的前提下,把一些传统打包的产品,呈现为化整为零的购买趋势,以前非常长期的一个购买行为,变成当时当下的购买行为,比如门票,变成了像城市消费一样的消费类别。所以,旅游企业中,谁跟用户更接近,谁就有更强的话语权。通过我们数据的分析和预知未来的能力,我们的平台其实区别于传统的销售渠道,我们可以大量地进行预送和反向预置,蚂蜂窝平台上的平均预订是42天。

戴斌:您的用户是5000万,42天的预订,这是很了不起的数据。所以,互联网时代的思维和做法是完全不一样的。刚才讲到有些词UGC,是用户生成内容,现在通过评论来做自己的产品,为客户提供服务。因为现在年轻人比较时髦,会不断地创造新的单词,我们希望简单做一个介绍,让中年男人也能听得懂。

陈总,您想给旅游行业带来什么?

陈罡:早上去哪儿的CEO庄辰超也分享了现在整个行业的分配是不太公平的,包括价格战是一场好戏。我个人来看,资源端和渠道是共存的,为什么呢?旅游本质上是个性化的事情,比如开元酒店,有很多不同类别的客房、房型、房态、配餐,有很多的组合,不是完全一刀切。价格战其实是简单的标准化商品和同质化商品的一个很明显的竞争手段,但是旅行和旅游,即便是同样的地方,每个消费者的消费习惯和决策是完全不同的。蚂蜂窝通过对用户的了解,通过数据,通过评论产生的信息和内容,为更多旅行者做出更多个性化的决策服务,更多个性化的消费决策产生之后,对OTA也好,对资源方也好,都能达到最优的资源配置和组合。

戴斌:给渠道商,或者供应商也好,带来更多的增值服务。我想通过陈总和团队的努力,能够给更多的中国老百姓带来幸福,也谢谢你带给我们的分享。

最后请问携程的李小平总经理,您作为今年的新科状元,携程第一次排到第一位,能否站在这个角度代表20强集团就未来旅游业的发展跟大家分享一下?

李小平:首先非常感谢中国旅游协会,也非常感谢中国旅游研究院,非常高兴,这次携程旅游集团获得了20强的第一名。第一,对今后旅游业的发展,各位都很清楚，整个经济现代化的发展，是不可逆转的，一定会高速发展的。中央的结构在调整，在新常态下，其实最能够仍然保持高速增长的，可能就是现代服务业，其他方面当然也有，但是现代服务业还是会以较高的速度发展。

世界邮轮，整个邮轮有二三百艘。世界经济从20世纪20年代开始一直到今天的近一百年，经济周期，大家知道有很多的起伏，只有邮轮，在每年的旅游业发展中是没有负增长的，每年保持5%~10%的增长，到今天还是这样。这说明什么呢？只要有新的创新、新的产品，尤其是旅游行业，我们觉得今后的发展前景会非常广阔。刚才各位老总也讲了，OTA也好，其他平台也好，占整个旅游消费市场的份额还是很低的，也就是1000亿左右，占整个中国旅游业的消费，酒店、旅游，整个加起来也没有10%，我估计也就是百分之六七。所以，各个行业都会有很好的发展前景。刚才酒店说，可能会亏损，我觉得，我们展望全球来看，欧美也有很多五星级酒店，也有很多周期，碰到周期低潮的时候，大幅度的亏损也没有，这主要是机制和一些新的科学方法。我搞航空公司，搞收益、管理，搞了十年，从最原始的开始，跟全球的公司比，我了解酒店的收益管理的理念，以及系统技术的应用可能还是比较初级的阶段。我觉得如果这个问题很好地解决，我们就可以看到航空公司，像汉莎航空公司，新加坡航空公司，包括中东一些航空公司，都做得非常好。

第二，作为携程集团，做到了第一，我们希望在商业思想上能够领先，能够引领先进的价值观，将最领先的科学技术带给大家，将IT信息技术给大家分享，同时我们还是非常开放的，愿意共同合作，期待大家能在旅游发展大潮中做得更好。

戴斌：谢谢李总的祝福。接下来预留一点时间，留几个问题给台下的同志，有没有愿意和台上各位老大来交流的？

提问1：很高兴有这个机会跟同行进行交流。在渠道和资源中间，我们台上的各位老总，有没有想过这个问题？消费者去买一个产品，如果我们渠道商（我也是渠道商之一），当消费者指名购买，和消费者还没有旅游创意，他在渠道中间找到旅游创意，这是两种不同的消费渠道，这两种消费渠道是不一样的。比如我决定订一间开元酒店客房，我认为这个预订是创造服务价值的，应该拿服务的这部分钱，是很少的一部分钱。作为消费者我根本不清楚干什么，我在网上看到有意思的产品，让我有了旅游的冲动和灵感，这时候我订的产品，作为渠道商应该拿到更多的钱，因为作为消费者本来是想待在家里睡觉的，但是我把他"抓"去旅游,请教台上的嘉宾怎么看,渠道商和资源方如何能够各自创造不同的、独特的价值?

刘平春：这个问题提得非常好,渠道和实业这块,必须要有一种共存共赢的关系。因为现在大家都知道,互联网发展以后,马云成功以后,大家一哄而起做这个事,其实也有很多是很前瞻性的担忧,可能最后挤压的结果,就像最后因贷款利息太高,金融数据太高,大家不做实业一样,可能会出现这样的问题。最后导致资本的分配,在全社会是不均衡的。你刚才说这个问题,其实是要分开看,宁波是做服装的,服装是很有名的,我今天早上见了一个服装老板,跟他讨论问题,他跟我讲了一个道理,让我很吃惊。因为他是做西服的,我说你线上的销售和线下的销售是什么比重。他说我是做西服的,我的在线销售达到40%以上,这是很让人吃惊的,因为西服和小孩、时髦的服装是不一样的,后来我们讨论时发现一个问题,在线销售的时候,确实创造了一个价值,什么价值呢?他本来有很多库存品,库存品是国际的,在市场上的门店是很难销售的,但是渠道给它创造了一个机会,因为渠道,从网上看到的第一位是价格,价格优势起到了最主要的作用,所以能很好地销售。对景区来说,大规模投入以后,在网上可能会产生一些便利的条件,但是景区没有机会去推销它的剩余时间。对我们来说,每天看着景区的时间都放在这里,游客必须来体验,企业必须要销售,游客必须到现场,才有这个感受,这个时候景区和渠道的关系应该是另外一种关系。所以,我的结论是,你这个问题,我们应该分类,按照不同的情况去讨论它。因为这个可能是实业资本和渠道资本,最后取得一致的前提或者出发点,我是这样想的。

提问2：先介绍一下自己,我是中国战略管理研究会的一位研究员,因为我的研究中涉及中国软经济的成长和旅游业有些关系,所以在这里作为一个外行,问一下在台上的各位旅游领袖。第一,今年的论坛是年底和年初的交替期间,想问一下各位业界领袖对旅游业的展望,想听听各位旅游界的老大对旅游业的担心和中国软经济发展中的一些宏观上的感受?

张润钢：我待过不少单位,就干过饭店这一个行业,所以我只能说酒店业。酒店业的情况,我刚才跟大家介绍,一个是剧烈动荡,一个是深刻变革。我觉得这里也有机会,因为中国酒店业现在大体三分天下,标准五星、豪华五星、国际品牌战略,然后经济型饭店这是一块,还有传统的"四加五减",还有中端这一块,每一块都有自己的空间。这次市场的剧烈变革和整个互联网的狂飙,确实提供了"超车"的机会。现在经济型饭店的创新能力最强，其他的两个业态，现在也有机会，关键是能不能把握。软环境、软实力，我觉得非常重要，刚才讨论了渠道资本和实业资本，实业资本大部分还是国有的，国企的改革如果能成功的话，一定会提供一个非常好的软环境，这个我自己觉得还是充满希望的。

提问3：各位领导，我是来自黄山风景区的。黄山旅游集团是一个地方性的国企，在当地政府的支持下，在地方领域它拥有一定的优势。但是商业市场，对一个企业的成长而言，是越宽广越好。请问一下，我们作为地方性的国有企业，需要树立怎样的商业思想，才能够解决地方国企与商业市场广阔边界的一个矛盾。第二，在旅游行业或者其他的行业，有没有地方国企超出地方领域做大做强的范例？

刘平春：谢谢你的提问。企业一开始出现的时候，往往都是地方性的，华侨城虽然是央企，但是在深圳出现的时候，首先是深圳的区域性企业。我们也有一个误区，国务院在深圳市划出一块地，华侨城首先是开发区。当时有很多人认为，华侨城就是开发区，这个开发区是我们自己经营的。后来我们提出一个思想，华侨城不是一个开发区，华侨城是一个做开发区的企业。我对黄山比较了解，前一段时间安徽的同志希望我们和黄山合作。黄山股份是黄山的旅游公司，但是黄山股份不是仅仅做黄山旅游的公司，黄山股份不应该把自己定位为只做自然风景区的旅游公司，它应该是全球性的，我想是这样。

戴斌：谢谢各位的发言和回复。从全行业来说，旅游是一个让人幸福的行业，但是做旅游却是很辛苦的。我们坐在台上的各位老大，头发越来越白，越来越少了，所以我们衷心地希望，商业思想是长期的过程，只要我们用一个正确的思想引领，我想我们的产业也会健康发展。也希望有更多年轻人加入到这个行业里面来，尤其像陈罡这么年轻就加入到这个行业，做CEO，当您的位置逐渐从边上移到刘总这个位置的时候，希望还能依然保持这样的头发、依然保持这样的脸形、依然保持从容自在的心态，希望在您的身上，也在我们更多的年轻人身上。衷心地感谢大家参与这场讨论。

谢谢。

圆桌论坛二　商业思想与集团成长

主持人：中国旅游研究院产业所所长　李仲广
嘉　　宾：中国国旅集团副总裁　陈荣
　　　　　万达旅业投资有限公司副总经理　徐道明
　　　　　百度营销咨询部总监　商瑜
　　　　　搜狐网自媒体总经理　王旭

李仲广：刚才大家都做了发言，我想这个问题问得简洁直接一些。我们会议的主题是商业思想，我们来到宁波开会，会前和会中大家提到一个关键词，就是我们所在的单位开元集团的开元精神，我想这也是让大家印象深刻的商业思想的建设。其他的思想，原来也提过国旅精神和华侨城的创始精神。我想，旅游集团会形成各种各样的战略思路和各种精神文化层面的建设，我们从商业模式逐渐走到文化和精神层面的建设之后，我想问陈总，结合国旅这方面的发展，您感觉我们这个行业各种商业思想和商业精神大概有哪些？哪家比较强？

陈荣：讲企业文化、企业精神，我觉得是一个很好的话题，对于企业发展至关重要。今年11月，国旅集团组织了主要干部到台湾去学习，不是学旅游企业，学的是台塑，在台塑待了好几天，我在台湾待了12天，和台湾的方方面面都打了很多交道，和台湾很多旅游企业界的大佬们都做了一些交流。我到台塑，王永清的女儿跟我讲，她现在是台塑的副总裁，是家族治理的。他的父亲秉持的是什么概念呢？勤劳朴实，所以一张纸都撕开来用，那么大的老板，一张餐巾纸只用一半。和其他企业交流，因为中国免税集团是我们的子公司，也和台湾最大的免税企业——升恒昌集团做了交流，从头到尾他没谈"免税"两个字，只谈文化，我在搞什么文化建设，我在做什么事情，然后谈慈善基金，一谈免税，就说这是我儿子的，不关我的事，其实都是他打拼起来的，谈的是文化和慈善。台湾的四大丛林，如慈济、法鼓山、中台禅寺，还有星云大师的佛光山，成为台湾人的精神家园，提升了台湾人的层次。但是我们看到我们的四大佛教名山是什么呢？宰客等等，所以给我非常深的印象，反差特别大。我回答这个问题是什么呢？我们为什么要到台塑学习，我想为什么去，就是对这个问题的一个很好的回答。台塑的文化，讲了16个字，第一叫勤劳朴实，这个企业是很本分的。第二，止于治善，大学里面的。什么意思呢？不断地追求最优化，他们叫永无止境。和王永清一起的那些干部，很多有胃病，为什么有胃病呢？吃饭的时候不停地问你问题，问到最后没有心情吃饭，最后都得胃病了。第三是有序经营，企业不要倒下来。第四叫奉献社会，这个很重要，我借这个机会也讲一下，呼吁一下，无论中央企业也好，国有企业也好，还是民营企业也好，这种社会责任是非常重要的。我深深感受到台湾企业界的领导比大陆企业界的领导高了可能不止一个层次。我昨天在飞机上，旁边正好坐了社保基金的副理事长，他是我的老师，我跟他聊天讲了这个问题，他跟我讲要理解这个事情，为什么？中国这十几年处于社会财富大变革的时期，每个人对财富的欲望太强，而且你抓不住这个机会，可能在北京有房和没房的，有一套房和几套房的就是不同的阶层，所以大家更多的目光聚焦在财富上面，我们对慈善和社会责任就关注不够。反过来对国旅集团来讲，我们这方面也做得很不够，但是我们会不断有这方面的追求。对我们来讲，首先要把产品做好，更好地满足老百姓的旅游需求，这是一个方面。另外一个方面，在回馈社会方面，我们要做得更多。谢谢。

李仲广：谢谢陈总，我想从商业模式到商业思想的竞争，刚才陈总通过台湾企业的经验，也告诉我们在竞争过程当中从点到面慢慢融入整个社会当中，这样企业才能引领整个产业的发展。刚才说各个企业多多少少有自己的商业思想，通过今天的讨论之后，我们也看到企业的商业思想相互有一些冲突，也有互相认同的地方。我想问一下徐总，您如何看待企业的商业思想和商业理念当中互相冲突这个问题呢？万达相对来说对行业有一个系统分析，要做这个行业的标杆企业，我们是如何来判断的？

徐道明：关于商业思想，每个企业都有自己的一套发展思路。进入旅游产业，作为万达来说有几个考虑。一是打造旅游的全产业链，我们通常说旅游六大要素，六大要素其中五大要素，现在除了航空目前没有进入之外，应该说万达集团其他都具备了，航空领域，万达可能在不久的将来也会进入，接下来要打造旅游的全产业链，可能单纯看旅行社或者单纯看某一块，它的盈利水平非常有限。刚才我提到了利润非常低，但是打造出一个全产业链的话，盈利水平就不可同日而语了，这是第一点。第二点，万达打造的真的是国内国外线上线下一体化的旅游企业，万达集团的国际化，作为整个集团的规划，到2020年的时候，海外收入增长20%左右，虽然大部分的项目在国内，但是海外是下一步扩张发展的一个重要目标。另一块就是线上。大家也关注到，两三个月之前，万达和百度、腾讯三家联合，投资50亿成立了一个大的线上平台。虽然万达是一个传统企业，但是线上这一块，也会非常地看重。

李仲广：我注意到合作的新闻里提到万达旗下的物业消费有15亿人次，在商业地产这方面已经成为标杆。现在我们也在转型做旅游度假区，旅游度假区这部分的游客量有多少？

徐道明：我跟大家介绍一下长白山度假区。到长白山的游客有130万人，到度假区的游客占了其中1/3左右，因为长白山度假区目前只开了滑雪项目，其他的项目现在还没有开业。

李仲广：圆桌讨论的主题聚焦产业发展，我们也邀请了一些综合门户企业来参与讨论。我想问一下商总，在您来看，旅游行业怎么能出原创的商业思想？

商瑜：关于原创商业思想，我想可能还是需要旅游企业更多地去挖掘自身的资源，我今天听到嘉宾的演讲，更多说的是一个点，我们要挖掘用户的痛点，大家都会提到这个话题，但是真正从什么点去挖掘这个痛点，从这个痛点入手，怎样进行我们的商业变革，这可能是第一点需要去做的。另外，我们要更多吸取同行业或者更多海外的经验，刚才提到海外市场想进入中国市场，适应中国市场，我们能不能反过来学习他们的一些先进的方式和特点，融入到我们这边来。还有一点，百度在做的事情是什么？我们更多希望能够缩减检索服务的距离和时间，我们把服务前置化，这也能够帮助企业，协助企业把一些原创的思想、原创的一些方式和商业产业化，进行一个对接。

李仲广：平时在和各行各业的交流当中，您感觉旅游行业原创的观点和思想有哪些呢？

商瑜：其实说哪家企业都不太合适，因为每家企业都有自己的特点。我举一个小例子，以行业来看，都觉得酒店行业好像很传统，跟在线媒体或者跟一些新兴的企业对接起来好像很困难，但其实不是。我们发现很多酒店集团利用自己的一些新技术和新手段进行自己的营销。

再举一个小例子,我们现在在酒店的体验是什么,我们要拿着身份证,去前台办理手续之后才能入住酒店,畅想有一些酒店集团可以做到什么呢?不用办这个手续,直接用抓我们手机的方式,进入到我的房间,然后用我的手机进行一体化的智能交互。我想很多新的方式是可以运用过来的。这是我想举的一个小例子,各个行业都会有不同的点、不同的创新和技术的一个结合。

李仲广: 这也是在行业的一个应用,可能除了创新性的应用之外,对带有全社会原创性的东西,也希望越来越多。类似的问题想问一下来自搜狐自媒体的王总。在做媒体的时候,您监测到各种各样用户的表达和观点,旅游行业的用户,他们主要表达哪些观点呢?

王旭: 我们在搜狐旅游频道做的自媒体,他们大部分还是旅游达人做旅游攻略或旅游吸引物之类的内容,做的时间也很短。从2014年5月才开始做,2014年9月才开始正式运营,现在大约有1500以上的旅游达人在上面发表几百篇的相关内容,可能会和淡季、旺季有关系。我们现在也在做用户内容产生激励的计划,也在想怎么样才能激励用户写内容。大家写过博客的都知道,你可能非常在乎自己的博客访问量,包括评论之类的指标,可以展示出来给大家看。我们现在也在做,因为搜狐这个平台包括手机搜狐网和新闻客户端,能接触到用户的地方非常多,所有这些能够接触到用户的地方,都在做相关自媒体的推送,让自媒体产生的内容,能够尽可能地被用户所消费。这样的话,自媒体的人也会看到自己的文章被访问,看到自己的文章被评论,会有更多的动力写相关旅游的内容,整个循环就变为正向了。

李仲广: 您感觉专家生产内容和用户生产内容,这两种模式在未来五年哪个会成为主导?

王旭: 我们觉得专家生产内容是从用户生产内容蜕变而来的,比如现在非常标准的用户生产内容的平台,像微博、微信或多或少地会存在一些问题,微博的内容,它会很乱,微信的内容,虽然比微博的内容好一些,但是传播性会有问题。从媒体的角度怎么来解决传播性的问题,我们提出了PGC这样的概念,其实UGC是嫁接于PGC这样的体量,最终的生态还是需要用户一起来参与的,UGC还是我们最终的方向,但是我们提出PGC的内容,以PGC为中心,形成用户生态,来打造整个朋友圈子。

李仲广: 这种类似的想法,我们也考虑过,如果在业内形成商业模式,会有很好的推进。因为时间关系,再问各位最后一个问题,我们在推动产业发展当中，主要有三种力量：政府、学术界和企业界。这三种力量在推动产业发展的过程中，我想请在座的各位给个分数，比如给政府多少分，给学术界多少分，给企业界多少分？你们做一下判断。

陈荣：我想是这样子，政府也好，企业也好，学界也好，都在共同推动旅游产业的发展。旅游产业走到今天，我个人感觉整个中国都进入到一个大变革的时代。在大变革的时代，在风起云涌的时代，我们每个企业，我们每个人都有很多很好的机会。所以，今天你是学者，明天可能就变了一个角色。今天我们在这里做企业，明天可能做学者去了，这都有可能。我觉得重要的是在发展过程中，中国旅游企业界应该会有少量的几家能成为产业的整合者。国旅有这个想法，也有这个志向，也有这个能力，但是需要一些前提条件。如果这些前提条件不具备的话，可能也很难去做。具备一定的前提条件，我相信我们今天在座的很多朋友，也许某一天，一觉醒来我们就成为同事了。谢谢。

李仲广：我们在做研究和报告的过程中，感觉政府推动产业发展的一些举措，学术的研究和商业的一些想法，都是相通的，最后肯定是要相辅相成，共同推动，最终要走到一起，所以问一下业界各位同仁的想法。

徐道明：这个产业要健康有序地发展，政府的政策肯定是一个前提条件，包括最近国务院出台的指导意见。作为大的旅游集团，大家都应该感到非常地振奋，为什么呢？因为讲的很具体，并且有具体的执行部门，让人感觉非常好，能够落实下去。比如提到几点，支持民族品牌，支持自主知识产权，支持休闲度假，支持带薪休假，这样不管是度假旅游还是度假项目，对旅行社来说都是一个利好的消息。企业这块事业到底能不能做好，更多的还要靠企业自己练好内功，这两个方面是相辅相成的。

商瑜：我其实和徐总是不谋而合的，确实是因为我们从百度流量数据也可以看到，对于任何一个政策的影响，流量数据都有很大的波动，特别是地产行业、旅游行业，这种政策的影响，对我们的调整有很大的影响，包括制约发展。刚刚所说的政府的方向，跟我们企业的方向应该是相辅相成来做的。

王旭：我刚才PPT上也说了，搜狐是一个旅游产业的新兵，我对这方面没有在座各位了解得多。我觉得对一般的互联网企业来说，有一句非常有名的话，销售赚今天的钱，技术赚明天的钱，做研究的赚后天的钱。所以，我觉得政府和产业、学术这些关系，其实很类似，政府是领头的，我们商业还是要把今天的钱赚到，学术是期待明天的钱，保持企业有一个长远的发展。

李仲广：谢谢，都是共同促进发展。我想这个问题，多种力量都在推动产业的发展，而且中国的国情，也有它的特点。所以，问一下在座的各位。

最后开放一到两个问题，看看在座的嘉宾有没有问题。

港中旅集团旅游产业研究院陈文杰院长：业内刚刚谈到商业思想和产业的发展，也谈到政府和企业的关系，我想就这个问题简单说两句话。我认为过去政府主导的作用是非常明显的，但是中国进入了新的转型时期，如何更好地发挥企业作为市场主体的作用，对产业的发展是至关重要的。比如说，我们过去号召企业走出去，实际上现在成绩应该说不尽如人意，这值得我们当政者深思，也值得在座的企业经营者深思。在未来转型和升级的时代，我认为政府应该更多地把握行业的趋势，充分发挥企业作为市场主体的作用，让它们能够整合更多的资源，让它们在未来产业发展中发挥更大的作用，这是我的观点。谢谢。

李仲广：谢谢陈院长的补充。

研讨二的环节到此告一段落，通过在座各位老总的分享和观点的碰撞，对产业发展的方向和合作等问题也越来越清晰，对大家有一个非常好的借鉴。消费者也将从我们的商业实践当中获得他们更好的体验、更好的服务。非常感谢在座的各位和大家分享。

谢谢大家。

第三编

2014年中国旅游发展论坛专文

新常态下旅游企业的生存发展

开元旅业集团董事长 陈妙林

尊敬的刘士军秘书长，尊敬的戴斌院长，许澎局长，全国旅游集团的各位企业家、新闻界的朋友们，大家好。2014年中国旅游发展论坛在宁波开元大酒店召开，是我们开元的荣幸，我谨代表开元旅业集团向大家表示热烈的欢迎和衷心的感谢。

旅游业特别是酒店业正面临着一个严重的挑战，中国旅游酒店正面临着2008年以来的第二次大的冲击，也是第二次全行业的亏损，2013年中国旅游酒店出现了全行业的亏损。在这样的严峻形势下，我想首先是要谈生存问题，再谈发展。所谓的新常态，大家都在谈，它其实是指经济下滑这样一个常态，我们要适应。因此，今天想谈一谈旅游业的生存和发展。

开元旅业集团主要有两大产业，第一是酒店业，第二是房地产业，两大产业几乎是各占一半。从2012年下半年开始，我记得是12月开始，出台了八项规定，我们酒店业遭到了严重冲击。2013年12月，房地产业出现了下滑。酒店行业受影响主要是因为中央出台了八项规定，八项规定的后面就是经济的下滑，这是主要的。房地产业出现的情况主要跟经济有很大关系，因此两大行业都遭受到了严重的挑战。我们过去十五六年的发展中，基本上是依托房地产的发展而建造酒店、推动酒店发展的模式，在新的形势下，意味着这种发展模式要发生改变。我记得十多年以前，我们要建造酒店的土地和房地产的土地是协议出让的，到了七年以前，所有的房地产和酒店的土地进行了"招拍挂"，但还是可以定向的"招拍挂"，从三年前到现在为止，完全公平的"招拍挂"也很难做。酒店业的滑坡，五星级酒店，政府也不能去消费，因此政府对建造酒店的兴趣就大幅度地减少。本来还是可以定向"招拍挂"，政府给一定的补贴，现在基本不行了，这种模式就发生了变化。

所以我们两大产业都遭到了严重的冲击，大家也都看到了我们旅游行业出现的情况。当然也有好的，像信息产业，像"携程""艺龙"等，当我们酒店业出现全行业亏损的时候它们在2013年还有几十个亿的利润。其实信息产业这些订房的，像"携程"和"艺龙"这个行业，在酒店行业越是不好的时候，它们的利润水平会越高，这样一个无情的现实摆在我们面前，如何做到转型升级是我们必须要面临的现状。

我们近几年在做几件事情，向大家做一下汇报。

1. 加强资本运作，盘活存量资产

首先，2013年我们把最优质的五家酒店拿到香港上市。这个上市的意义，拿到的钱不是很多，有16个亿的资金，总共是44亿的市值，我们卖掉25%，75%还在自己手中。虽然拿的钱不多，但是把这块资产进行了盘活，同时还有75%的股权在香港还是靠质押贷款，质押贷款以后，拿回来的钱，只要有项目，在香港还可以拿回。如果在国内没有项目，在香港可以去债券市场、资本市场上进行投资，资本市场投资的话，贷款一般是1∶1到1∶4的搭配，我们现在利用这块内容，做了十几亿的投资，买了一些国债，买了一些中国银行的证券之类的，每年的收益率也能达到12%到13%，比国内投资可能要好得多。因为香港利用财务杠杆，香港的贷款利率比较低，大概平均是3%的利率，如果我们拿出一块钱，银行可以再加给一块钱到四块钱的贷款，这样这块资产就可以有效地利用起来。

还有一个意义是搭建了我们这样一个平台以后，我们把好的酒店，我们现在自己控股的有34家酒店，能逐步地慢慢装到我们的资产包里面。2014年我们把上海松江开元明珠又装到这个包里，拿回了7个亿。2015年我们有两家，浙江衢州一家，河南开封一家，有两家酒店将会装到资产包里面，又可以拿回10个亿的资金。这样的话，能够有效地缓解市场的冲击。

其次是加速国内的发债。今天在座的都是大型的集团企业，利用债券市场是一个很好的办法。按照一般规定，只要达到2A级标准以上的信誉，资产的40%可以在债券市场上发行。5年以前，我们发了5个亿的债券，2014年我们又批了10个亿的中期票据，20亿的短期融资，因为现在的钱一下子还用不出去，我们只发了10个亿，还有20个亿没有发，到2015年1月、2月的时候我们会继续发债券，这样的话，整个资金会相对宽裕。今天在座的大型集团企业，要充分利用债券市场。

再次是培育一些不起眼的小产业。开元旗下一共有100多家公司,所谓公司有大有小,一个酒店就是一个公司,还有一些物业管理公司、网络公司等。我们有一个很不起眼的公司叫物业管理,原来房地产发展了以后,我们成立了一家物业管理公司经营管理我们自己的房地产物业,现在逐步推到外面去,它管理了136个物业小区和12个医院,管理了20多个商业、办公楼、写字楼。这个公司成长很快,每年以50%以上的速度成长,2014年我们在做新三板的上市,估计2015年一二月份能得到批准。

最后,我们想培育一家网络公司,争取用三年时间在创业板或者新三板上市,我们的重资产拿到香港上市,轻资产这块由我们的酒店管理公司管理,我们计划三年以内做到3个亿的利润,争取上市。现在轻资产部分将近有一个多亿的利润,稍微小一点,做到3个亿的话,20%的市盈率,就是60亿,争取在A股或者香港的主板市场上市,这是我们加强资本运作、盘活存量资产的手段。

2. 加速去库存、去杠杆,降低财务风险

2013年五家酒店在香港上市,回笼了16亿的资金,2014年我们一家酒店拿回7个亿,2015年将有2家,可以拿回10个亿左右。但是我们今年房产的库存量也很大,还有90亿的房产库存,2014年只销售了38亿多,本来计划是45亿,受到房产的冲击,只卖出去38亿。2015年我们争取去库存,去存量库存60个亿,但是后面还有在建造的,还有一些房产,到2015年年底,仍然会有80个亿房产的存量资产,这一块对我们来说也是一个比较大的风险。

我们争取在2014年、2015年两年内降低10%负债,争取企业的负债率降低到65%以下。积蓄力量,等待时机,进一步加速发展。因为现在酒店行业出现了全行业的亏损。对酒店行业来说不是一个好事情,但是对有实力的企业来说,可能也正是一个发展的机会。我们积蓄部分资金上的力量,等待收购和兼并。

3. 酒店产业增速发展,增创利润的最大化

在发展方面,转型升级,适合当前的新常态。我们目前已经在营业的74家酒店当中,自己控股的有34家,34家酒店当中,在现在困难的状态下,我们能够实现正现金流的是32家,只有2家没有,争取2015年把剩下的两家扭亏为盈,实现正的现金流。2014年我们重点推出了2%的工程,就是按照成本下降2%这样一个目标去实施,实施效果总体比较好。我们房地产业的成本率下

降了3.2%，我们酒店行业的成本率下降了4%，所以2014年和以往同口径相比，整个酒店业的营业收入增长15%左右，这其中一部分是增量酒店创造的营业收入。如果同口径相比的话，2014年我们的营业收入还是略微下降，下降了3%左右。我们的现金流比去年同期增长了10%。

在发展上，我们已经朝着更适合市场需求的方向调整，以前建的都是6万平方米以上、400个房间以上的大型商务酒店。从2013年开始，我们的商务酒店建设全部停止，开始转向小型的精品酒店、中端的商务酒店、农村酒店和乡村度假酒店，同时我们也在尝试房车酒店。人家都往高端走，现在高端没法走，我们往低端走，往下走。

4. 推动产业合作，加强企业间协作

我们现在已经跟中国城市名人酒店进行了联网互换合作，跟海航集团也基本谈妥，正在洽谈的还有华天酒店集团等，采用互联网的订房系统进行合作。我们和城市酒店合作两个月，效果还是非常好的。

中国经济的发展进入了新常态，我们旅游业的发展也进入了新常态。如何在新常态下生存发展是摆在我们旅游企业面前的事情，如果能跨越这个坎儿的话，我相信我们将来一定会赢得旅游行业的又一个春天，跨不过去的话，将会倒在这个坎中。所以对于企业来说，首先要生存，尤其面对困难的情况时，企业先要生存下去，然后再谈发展。我们希望旅游业行业之间要加强合作，不管是央企、国企、民企，在合作中一定会带来更多的机会。这次宁波的一家酒店集团和首旅集团昨天正式签约合作，这是一个非常好的民企和国企合作的新亮点。相信他们的合作一定会给双方带来更大的发展前景。

最后祝愿本次中国旅游发展论坛圆满成功，祝愿各位领导、各位同行身体健康，事业兴旺。

谢谢大家。

大型国有旅游集团的价值取向和比较战略

广州岭南国际企业集团董事长　冯　劲

各位领导、各位业界的领袖们，各位新老朋友们，大家早上好。很荣幸和业界的精英们一起围绕着商业思想引领集团新发展的主题交流探讨旅游集团的发展战略问题。不久前，戴斌院长给我安排了这么一个题目，要我从岭南集团的实践来讲一讲国有旅游集团的价值取向和发展战略。虽然不是说专门讲指标、创新，但是我听到这个题目感觉也不好讲。首旅、锦江，陈董事长的开元，还有"铂涛"等同行在价值战略、品牌扩张和业绩表现上都是令人称道的，也是岭南学习的好榜样。在这样一个场合谈旅游集团的发展，我真的是感到很忐忑，我想更多是交流吧。

岭南集团是一家地方性的国有旅游企业，组建至今，已经快10个年头，既赶上了国家将旅游业定位为国民经济战略性支柱产业的一个大好时机，也经历了国际金融危机、入境游市场下滑、饭店业从繁荣的顶点向下回调、政务消费规模缩减以及档次下降等问题，还面临经济新常态、移动互联网飙升和消费结构突变这些全新的挑战，这些是戴斌院长给我们归纳的。

过去5年，我们集团始终专注于上下游一体化旅游产业链的构建，聚焦酒店、旅行社、景区和中小规模会展的发展定位，基本实现了一体化、分专业的管理模式。我们着力于微观层面的优化整合和稳健经营。集团整体和核心品牌近5年来基本保持了稳定的盈利水平和业绩增长。我们1~11月的营业收入，集团总体增加了76.88亿，净利润增长了17%，接近4亿净利润。其中酒店业务出现下降，下降了6.59%，以旅行社为核心的业务增长了19%。现金流总体比较充裕，资产负债率控制在50%以下。在市场竞争的大潮中，始终坚守成长。集团旗下的广之旅旅行社的品牌综合排名居第二位，出境游在业内排名第一。酒店业经过整合发展,在华南地区还是比较靠前的,白金五星级的广州花园酒店在开房率、房价等方面持续领先,酒店业的一些关键业务指标在本地也是领先的。我们正在加快推进核心产品和服务的升级转型,酒店品牌输出业务依托上市公司平台,也在加快外拓。地处珠江三角洲的部分优质景区资源已纳入集团旗下,正加快整合提升,目前有三个景区,为集聚资源、聚焦旅游产业发展积攒了后劲。但是与旅游行业标杆对比,我们发展的步伐总体是慢的,扩张的速度也不够快。我们业务和资产的规模也不够大,始终是150亿左右的一个水平。地方色彩的产业比较浓,总体上还是偏保守的。过去5年,我们认为构建起了一个能够匹配战略发展和符合市场规律的核心价值观。从战略定位、公司治理、创新实践、内部控制这四个维度实施战略与运营,我们的做法跟在座的许多企业,特别是民营企业的一些做法可能不一样,或者重点的布局会不一样。在这些方面,我们会很艰难,但是会比较执着地推动全集团的整合与变革。

下面我分几个方面跟大家汇报一下我们的做法。

一、构建基于岭南价值理念下的集聚型战略

关于战略定位的问题,我们立足于构建基于共同价值理念下的集聚型战略(见图1)。为什么要构建共同价值?岭南集团是一个通过行政手段靠简单加法形成的众多企业集合体,戴院长很了解,当我们在组建的时候,我们有超过200个企业。能否有效整合成为集团一体、专业经营、规模运作、可持续发展的集合体,我们感觉转变思维方式是当时面临的一个最大考验,还不是资金。当时的情况下,如果我们继续仅仅依靠个别商号和并不充裕的资金继续分散经营,既单薄,也难以形成规模发展。在这种背景下,构建集团化的价值导向和管理理念来转变观念和凝心聚力,就成为现实而迫切的选择。

经过几轮博弈和讨论,我们逐步确立了一个能够适应集团国企特性,又可以参与市场竞争的基本价值观。即"四为"核心价值观:为股东创造价值和实现企业可持续发展,为消费者提供优质品牌产品和服务,为员工创造职业发展与快乐工作的广阔平台,为和谐社会与社区做出积极贡献。

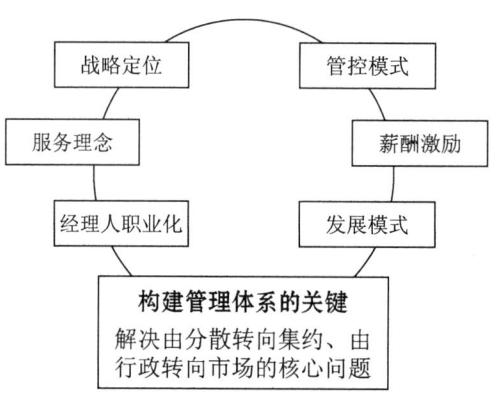

图 1　基于岭南价值理念的集聚型战略

这个比较特别，既要适应国企的特性，又要参与市场竞争，我们在这个价值观的引领下，形成战略定位和参与市场定位的管理系统，用这个来驱动全系统的市场化转型。我们现在谈转型，还不是说一下子创新，一下子资本运作，不具备这个条件。我们转换思想开始驱动企业的市场化转型，构建战略理念和管理系统的关键是要解决好由行政转向市场、由分散转向集约、由大量的在我们系统当中存在着的简单的租赁、简单的购买或者简单的外包产品与服务的经营方式，转变为自主研发与品牌模式的核心理念问题。

像我们酒店，包括一些品牌企业，都会把经营项目外包，但是做得好的，都是在公司战略或者集团战略的引导下，有计划地纳入自己企业总体品牌当中运营的项目。但在一些老国企当中，它就是简单的租赁餐厅、桑拿，跟集团的品牌毫不相关，这些我们是要转变的。比如说重构战略地位，确立旅行社、酒店、景区、会展，主要是策展方面，虽然我们也有20万平方米的会展场地，但主要是策展，形成深耕广东、区域扩张、全球视野的大旅游市场布局，重点构建与投资集团层面的，构建和投资在岭南集团这个层面，就是集团层面的研发中心、信息技术与电商发展部门，集团与战略业务单元缩短为集团和SBU两个层次的管控模式。致力于提升将客户价值置于不可动摇位置的服务理念，市场化的企业，他们把市场、把客户的价值置于不可动摇的位置是天生的，因为不这样做，就没有市场，会失去顾客。但是国有的行政体系不是以这个为重点，所以在国有企业谈这个，我也觉得挺奇怪，但它就是一个现实，我们要致力于把这种服务理念植入到我们的团队中，特别是我们的顶层设计当中去。树立市场化对比,追求盈利模式,实施增量奖励的薪酬激励原则,这个薪酬要有市场化对比,你说这个是五星级的,这个是50万,那个是多少,不要随便叫价,市场化对比。另外,我们鼓励增量的奖励,杜绝存量的瓜分,没有增长,不能说每年都增长,保住了就增长,不行。向管理团队灌输专业精神、团队合作、职业操守的职业化理念,以资本运作和改革创新为驱动,大力发展品牌引领下有盈利模式支撑的战略业务单元,加快提升资产证券化比例等。

将理念和战略建立起来,但是如何落地,我们觉得有四个比较重要的环节(见图2)。第一是将战略转化为规划目标,第二是将规划转化成为运营的指标,第三是要将运营控制出业绩,最后一个是将这些业绩转化成为可持续发展。比如我们反对存量瓜分的目的是来控制它可持续增长。我们通过在董事会层面将这些管理理念、战略定位、规划目标、年度的工作主体和年度的预算指标分解,这个我们归纳为集团的核心发展主线,通过董事会层面稳定下来。构建统一的全集团的CI和VI系统,服务理念守则、员工手册、培训与考核的一系列规则制度,促进成员企业尽可能地和集团在发展的主线上紧扣起来,并逐步强化各级管理团队的主线运营意识。

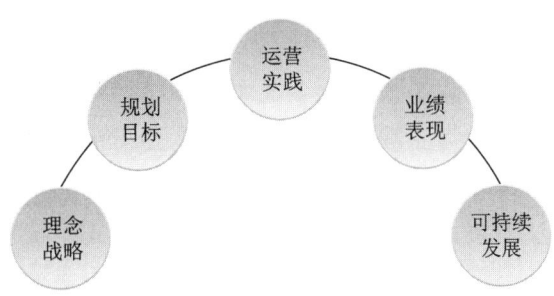

图2 岭南理念与战略转化的四个环节

有了主线控制机制,与主业发展战略不一致的、不能够达到的,我们就不做,有了这个之后,划分一些,又有很多投资机会,也有很多经理人的各种信息,还有很多诱惑。如果我们的主线确定,不符合的,就坚决不做,在运营层就不要向投资委员会和董事会提出这个意向。同时,在价值观的引领下,通过顶层设计、规划发展和职业规划招人,以价值观和职业规划来选人用人,接近并认同这个价值观的,在职业规划时就提供平台,通过绩效考核落实要什么就考核什么,考核什么就计量什么,将价值观和日常工作紧扣起来。比如除了规划发展、效益指标这些在考核当中放在相对比较重要的位置，同时根据年度工作的安排，比如我们要推动某一些产品和服务的创新，就把产品和服务创新的要求和考核项以及权重灌输到对经理人的考核当中或者业绩当中，通过这些实践，通过制度与组织固化集团理念，一步一步地增加发展的正能量，这个问题可能在民营企业、外资企业，在比较成熟的市场化的企业中，不存在增加正能量的问题，你不合就离开。但是在国企体制内的，这个问题还是不能回避。能贯穿到整个企业的组织行为，从而推动在战略的轨道上能够持续。尽管这是一个唯有起点没有终点的过程，但是我们还是要坚定不移地走下去。

二、逐步建立保障战略有效实施的公司治理结构

如果现在来谈治理结构，大家都非常明白，股东、董事会、监事会、经理层，把他们之间围绕着一个目标协调好，但是在国有企业有特别的功能和作用，规范公司治理，是现代企业制度建立的标志和核心。我们说它特别，把它作为稳定公司的战略，企业提出一个战略，定位的是这么一个东西，不能因为冯劲做董事长就这样，换一个就不是这样的做法，天天变，像规划一样，这不行。我们认为公司治理是稳定公司战略、规范企业管理秩序、维护企业发展成果和保护企业发展成果的制度保障。国有企业不是一个老板，如果是老板，像陈董事长说不变就不变，而国有企业说变就变，但是公司治理对这个成果和发展是有保障的。我们把构建规范的公司治理转化为战略实施的核心工作，将企业运营战略保障提升到法治层面，而不是人治的层面。这几年按照上市公司的要求逐步规范企业运营，公司的运营管理制度全部建立，岭南集团通过制度建设来规范董事会、监事会、经理层的规则和流程。在集团的董事会中，外部董事比例过半，是我们的特点之一。我们九个董事中，五六个是外部的，不是企业内部的，除总经理外的高管，均不进入董事会。这个要强调董事会在刚才说的那些功能，内部人必须不能多。在实际的操作中，也出现了不少董事会否决经营层议案的情况。我说这个意思，不是鼓励董事会把经营层的议案否了，而是说明他们在干活，他领着董事的薪酬，还是在工作。在非上市企业当中，我们觉得这个机制在目前是有效的。

我们也借这个公司治理，推进国企经理人的职业化和职业管理团队建设，在国企当中推职业化，虽然十八届三中全会的决定当中，把国企经理人的职业

化写到决定当中,但是在实践当中要推职业化,现在我觉得还是有难度。我们借这个来推,对经理人引入业绩合同,原来请国际的经理人才有业绩合同,现在对本地的、本国的经理人,我们多板块企业的领头人,也引入了业绩合同,把一般的绩效考核、规定变成了契约精神,把它引入到契约的方式,将其考核落到实处。将人员能上能下,员工能进能出,管理人员的收入能增能减,落到实处。在职业经理人的薪酬方面,我们将市场水平、企业的盈利能力、业绩增量综合考虑,就是刚才说的那三个方面。我们将价值观加职业规划有机结合,落实到选人用人上面,提出一份名单、一张时间表来推进后备人才的选拔和培养,一份名单就是有哪一个层面的,有多少位,比如总经理的、驻店经理的、旅行社的、国际和国内门店的、区域的,你们有没有后备,一份名单,首先要有。另外一个,我们把它落实到6个月以后、12个月以后、18个月以后,这个管理人员将在什么样的位置,我觉得要推这些,来保证企业发展的人才供应,也使员工的职业发展在规划的轨道上面可以自我设计。规范了公司治理,较好地解决了企业发展仅仅依靠个别能人或者个别要素的情况,为企业步入健康成长的轨道奠定了基础,也促进了集团从简单的多企业集合体稳步发展为一体化的集约体,应该说还是有这方面的功效。

三、推进聚焦客户价值的创新实践

1. 创新实践并非清一色的高精尖

关于创新实践,我们着力推进聚焦客户价值的创新实践,有了战略,有了治理结构,你干活,到底重点放在什么地方,创新实践,我们认为并非清一色的高精尖,也许就在身边,也许就在脚下。尤其像岭南集团这种传统型的服务企业,类似从生产型怎么转向生产服务型,从生产导向型转向市场需求与客户价值导向。原来的企业都是围绕着生产,就是生产指标,考核也就是产量的指标,对增长、对效益、对可持续都没有,我们应该转型,从粗放转向精细,比如刚才说的对人才的培养,这位同事有发展,6个月以后、12个月以后、18个月以后应该成长到什么位置,服装穿的颜色应该是怎样变化的。从资源分散转向战略集约,从线下为主转到线下与线上有机结合,从事后审计转向运营审计和全面内控等,都是传统企业创新转型的有益尝试。

2. 关注客户价值的实现为创新重点

岭南集团要求经营管理人员当中有创新的表述、具体的谋划和举措，推动在创新产业链中的实践。在岭南，我们以关注客户价值的实现作为创新的重点，比如旅行社，广之旅品牌，通过和国际机构合作，构建基于互联网模式的O2O开放平台和以客户体验为核心的CRM开放平台，高效整合旅行社、供应商、第三方等多方资源，这个平台在未来3个月就可以上线运行，将成为岭南集团旅游业从线下为主转向线上与线下融合发展的标志之一。在酒店业面临消费结构改变、市场深度调整、高端酒店低迷的情况下，我们紧抓时机，一边运营、一边改造，用了不到5个月的时间，顺利地完成了广州花园酒店300间客房的升级改造工程。新的客房产品紧贴新的需求，在空间布局、休闲功能、时尚科技、文化要素、绿色环保等方面都有提升。品牌标准，房价水平也有新的突破，市场反映是正面的。同时我们也将花园酒店三楼2500平方米的多功能厅转型为以婚宴喜庆、商务会议、时尚智能为特色的多功能厅，这个反映也很好，在消费人数、营收率方面都有了比较明显的改善。岭南这些年的创新实践，追求的是微创新，追求的是一点点地变，在企业的经营业绩、客户的口碑等方面，都有一定的好效果。在产品方面，既有海陵岛高性价比度假产品，又推出了南昆山温泉度假酒店，另外我们在南沙的350间房的岭南花园度假酒店正在施工当中，我们还设立了定制旅游俱乐部，研发终端度假产品和即将面世的岭南5号精品酒店，这个酒店在珠江边，将在春节前投入运营。前述举措都在增强着我们创新发展的信心，创新转型永无止境，当然我们还在路上。

四、实施以风险控制为导向的内控系统

我们实施以风险控制为导向的内部控制体系，在实践中深切地体会到，企业内部控制，目的还是风控。控制风险已是内部管控的重要组成部分，刚才陈董事长也讲了，是安全底线，我是非常同意的，赚钱不是硬道理，活着，这指的是生存率，安全才是硬道理。我们切身体会到企业必须锻造良好的风险防控机制和应急能力，才能让企业持久存续和永续发展。创新发展业务主要有五个方面：一是控制战略的符合性，重点是品牌标准和引领模式；二是控制投资符合性，评估项目评估中是否超出投资预算；三是控制招标规范性，在国有企业当中，不能一个人说了算，否则问题就大了，投资项目都是几亿甚至十几亿，

招标的规范，对程序是否合规，严格把控，成为找出问题的关键；四是控制内部体系的常态化操作，从内部控制手册找到风险点，对照落实风控措施，像采购，不但是工程方面，也包括现金，我们内部控制手册都有明显的操作指引；五是控制经理团队的职业操守，重点是信托责任的意识宣贯与考核，你不是老板，没有权力作决定，你随时要向出资人汇报，这是信托责任的意识宣贯与考核。有了这一套内部控制机制，才能有效地决策和实施项目的推进，才能最大限度地确保目标不偏移、标准不降低、投资不失控、工期不推延、人员不出事这五个目的，我们也尝到了实实在在的甜头。我们在较短的时间内推进了上述的创新实践，推动或者实施了这一套保障机制和内控体系。如果没有大企业的思维，没有大企业的业务流程，没有大企业的人才支撑，我们宁肯不那么快做大，不一下子做那么大，而是将时间、精力、智慧用于培养人才和形成有效的制度和机制方面，可能这样就保守了。在无制度保障前提下的快速发展，无异于自掘陷阱。

回顾岭南整合与变革的历程，我们深深体会到，一方面要以完全市场化的思维与机制应对经济结构改变与移动互联网飙升带来的全新的冲击与挑战。另一方面，要以高度的信托重任感和实操能力来驱动带着较重历史包袱的企业整合与变革，也许这是国企改革的现实与使命。同时，虽然我们还在创新转型的路上，但从我们的实践当中，切身地感受到消费市场的潜力，创新的动力和改革的红利，有力地增强了我们持续推动战略发展的信心。

关于长板理论有一个新观念，以前说木桶理论，现在我们注意到长板理论。木桶就是最短的决定了你的核心，其他再长也没有用。长板理论是看你最长的，然后利用专业分工来补你的短就行了。就像一个伟大的公司，不是要每一块都是强的，关键是要突出企业的优势。结合岭南集团的特点，我们将时间、精力、智慧集中到上面所提出的战略定位、智力、创新、内控四个方面的优势，专注于旅游品牌的发展，并不断地追求将这些做得细致一些，也许能够持续。

希望上面的观点能够得到同行的交流和指导。非常不成熟，谢谢各位。

新技术革命与产业创新

去哪儿网 CEO　庄辰超

谢谢主持人,谢谢戴院长给我这个机会在各位领导和业界的领袖面前展示一下去哪儿网的商业思维和我们对未来的一些思考。

一、技术推动商业发展

今天这个主题是商业思想引领集团的新发展,实际上从过去很多行业的角度来讲,技术的变革和创新不但会引导一个行业集团的变化,同时会在这个行业当中,对哪里是价值的高地,哪里是价值的洼地,产生剧烈的变化和变迁。我以一个在技术领域发展速度最快的行业为例,就是芯片行业。芯片行业在过去30多年中,它的整个产业链发生了剧烈的变化,价值链的高地在不断地向不同的环节移动,芯片技术的变迁也展示了未来旅游行业可能会发生的一些剧烈的变化。

做一个芯片大概有四个主要环节:首先是设计,把芯片设计出来;第二件事是投产,投产需要组织研发、组织资金、组织生产车间;第三件事情是具体的怎么把芯片生产出来,生产芯片也有很高的技术含量;第四件事情,单独一张芯片消费者是没法用的,要把一张芯片插在机器里卖出去。芯片行业在过去30年里发生了什么样的变化呢?在最初的时候,整个价值链的高地,最挣钱的企业和在行业里最有影响力的企业是最终的生产商,设备生产商,像IBM、摩托罗拉,它们生产整个芯片的全流程。十年以后,这个价值的高地发生了一个变迁,价值高地转向类似于英特尔这样的企业。英特尔除了最后设备不生产以外,主要做前三件事情,设计、生产、投产,最后生产出来。大约在十年以前,战略高地又转到投资生产商。大家知道台湾有很多芯片生产商在十年以前是蓬勃发展的，在这个过程当中，设计和投产本身变得不那么关键了，相反能够高速地整合供应链，大量地生产出芯片来，变成非常高技术含量的事情，所以芯片生产变成了一个非常高技术、非常高价值的事情。最近五年什么最有价值呢？既不用生产也不用设计还不用出电子设备了，把芯片的整个设计流程设计出来是最值钱的一件事情。最新的一个领域是 ARM 公司，这家公司过去五六年估值上升了几十倍，所有大家手机里的芯片，它的设计蓝稿都是由 ARM 公司生产的。这说明一个什么问题，在技术变迁的过程当中，昨天非常火爆的产业有可能在明天变得萎缩，它的价值会被抽干，而昨天可能苦苦挣扎的一些领域或者利润不丰厚的产业环节，在明天有可能由于技术的变迁，它的价值会大幅度地提升。所以，我特别同意前面说的，挣钱不重要，昨天挣大钱，不代表明天挣大钱，活着才是重要的，没准等到哪天，技术的变迁导致你所在的环节价值被无限地放大了，技术会在产业链当中不断地移动，价值在不断的释放过程中。

二、技术推动价值链变迁

技术变迁导致价值链不断变迁的理由和核心是什么呢？核心的原因就是效率的提升，最终来讲，这个不断的技术引进，最终给消费者和产业提供的是效率提升。刚才陈董事长说酒店行业过去全年没有挣太多的钱，在一年当中携程、艺龙挣了很多钱，2013 年所有的企业也要开始亏钱了，全行业已经不会有人挣钱了。这说明一个什么问题，说明技术在极大的变化这一点，真正的问题是咱们过去五年 OTA 挣得太多了，他们挣了他们不该挣的钱，他们从酒店行业、航空行业、旅行社行业拿的钱太多了，去哪儿是在十年前诞生的，我们成立第一天就发现了这个问题，整个产业链的技术和利润的分配是不合理的。在线旅游行业，不对称利用它的技术优势，获得了它不该获取的利润。去哪儿网从第一天开始，做的事情就是帮助航空公司、酒店、旅行社更好地夺回产业链更多的话语权，在这个过程中非常合理的一个范围是在线旅游渠道。我们应该做的事情是尽可能地压低交易成本，把利润让给消费者，把利润让给供应商，而我们应该挣得越少越好。在我们这个行业，挣太多钱是一个耻辱。

从"航空行业"角度来讲，去哪儿成立的时候，我参加过一个航信的会，很多代理人都拿了一张图，说在过去几年整个"航空行业"的代理人在高速集中的过程中，市场份额高速集中于前十名，前十名的份额高速集中于前三名，前三名的份额高速集中在第一名。实际上他们最后画了一张图，过去5年所有的增长都是第一名增长，所有人都不增长，这当中对于航空公司、对于航信、对于所有代理人来讲，到底好还是不好呢？我想答案是大家都知道的。大家看到过去几年，整个"航空行业"的佣金率是在不断上升的。去哪儿网进入这个市场之后，我们所做的第一件事情就是把消费者的价格降低，然后进行比价。结果是什么呢？我们开始做这个公司的时候，携程已经是上市公司了，艺龙已经是上市公司了。我们从零开始，今天去哪儿网是全市场出票率最高的公司，我们占整个市场出票率的25%左右，而且我们的增速还是第一，但我们的行业佣金抽取率是多少呢？有效佣金抽取率不到2个百分点，而且我们的出现使得整个产业链分布更加合理。大家看最近五年的数据，整个行业从第二名到第一百名的在线机票代理商的市场份额在上升，只有一家在跌，那就是老大。所以，这是我们对行业产生的帮助，我们能够用技术的力量帮助传统的旅行公司重新获得自主权。

大家也看到，几个月以前，整个"航空行业"的佣金在降，我个人认为应该更大胆，把佣金降到零，通过后面的机制来促进代理行为。技术的变迁使我们压根不需要花这么多的钱，就可以把这个行业变得更健康。整个行业为什么能做到这一点，去哪儿网在帮助上下游企业中起到了非常重要的作用。我们把同样的思路切入到了酒店业务，大家可能知道去哪儿网是一个比价搜索引擎，由于我们在机票方面的成功，导致很多OTA的酒店很紧张。在一年半以前，OTA都抵制，不跟我们合作，我们去哪儿网决定自己做。2013年年初的时候我们直签酒店是2000家，今天是23万家，一年多的时间里，我们把其他OTA过去15年干的活都干完了。刚刚公布的2014年第三季度的财务公报中，我们已经超过艺龙，成为整个酒店平台业务的第二名，我们的增速远远高于行业的其他企业。

和大家分享一个信息，第四季度我们的增速相对于过去三年不但没有下降，反而大幅度提升了。为什么呢？因为从整个行业的角度来讲，我们采取了更高的技术，我们实际佣金率是更低的，当然由于现在行业的具体情况，实际上我们的佣金并不低，我们把大量的资金返回给消费者，极大地推动了整个行业的增速。但是大家要知道，如果去哪儿网成为行业第一，我们是第一个鼓励并且赞同全行业降佣金的，因为我的根本观点是，酒店OTA根本不需要这么多的佣金。我们给资本市场的预期是 2016 年，去哪儿网是可以盈利的。我们盈利的前提是什么呢？维持今天去哪儿网的有效佣金率。今天去哪儿网的有效佣金率是 4 个百分点，全行业最终合理的酒店佣金率应该是 4 到 6 个百分点，目前 15 个百分点太高，根本没有必要。但是由于现在的行业领先者不愿意降佣金，所以我们现在需要跟全行业的领先者一样拿佣金，通过返还给消费者来扩大市场规模，一旦我们有了这个力量，我们会支持全行业大幅度地降佣金。包括目前的旅行社行业，我认为降佣金是一个主趋势。为什么我们敢于这样做？因为我们自己的交易成本是非常非常低的，我们测算过，是全行业领先水平的 20%~30%，所以，我们有极大的空间把佣金降下来。目前我们的机票佣金平均 2 个百分点，在这样的情况下，我们的净利润有百分之三十多，通过规模的放大，在极低佣金率的情况下盈利。我认为这才是技术引导商业发展的主线，应该不断地通过新技术投入，把整个交易成本下降，让效益得到提升，让供应商受益，让消费者受益。

三、技术为消费者需求服务

很多人都在谈新技术会引导消费者的变化，消费者理念的变化，新技术会引导商业潮流的发展，这一点我也是不赞同的，消费者本身这样做，但没有技术工具而已。新技术，是我们帮助供应商做了他们不想做的事情。举个例子来讲，哪个消费者不想便宜，都想。过去是因为技术没有提供这样的解决方案，消费者到处找便宜的产品，到处去比价，然后做到最好的产品，也不能够让供应商更好地展现自己的产品。去哪儿本身是一个技术公司，我们提供的并不是引领这个潮流，我们提供的只是一个工具，让大家早就想做但做不了的事能够实现，就这么简单。不管我们怎么提升效率，这个产业中最终有话语权的不是在线供应商，不是航空公司，也不是酒店，而是消费者！在产业链重组的过程中，一定不能把顺序搞反，首先要满足消费者的需求，然后才是旅行社、酒店、航空公司的需求，最后才轮到在线旅行商的需求。这有什么样的区别呢？举一个酒店业的例子。在宁波，差不多一个月前，我们跟宁波政府搞了一个 199 元低价酒店的活动，结果产生了巨大的分歧，最后被封杀了。我认为这是根本性的理念错误。怎样来分析这件事呢？站在去哪儿的角度，首先消费者就是要便宜酒店，这是他的需求，而且他有很多的选择，淡季出行需求不旺盛，199 元才能刺激消费者出行，刺激他们住酒店，如果把价格抬高了，就不住酒店，就在家里待着。因此，应该首先满足消费者的需求，其次才轮到酒店，酒店要注重自己的品牌形象，注重自己的价格，这是很重要的因素。当然酒店企业的想法也有差异，有一些酒店希望能够降低售价，提高出租率。但是从酒店来讲，不能光想自己要什么，而应该想消费者要什么，消费者就是要低价，租不出去就是自己的问题。2013—2014年，整个中国，我相信很多高星级酒店租不出去，因为消费者不需要它们的产品，在这个价位上不需要它们的产品。

第二个问题是酒店应该想一想怎样满足消费者的需求，通过什么样的工具去满足消费者的需求，怎样去刺激消费者的需求。第三个才轮到在线旅行社，在线旅行社所做的事情是帮助消费者找最好的产品，其次是帮助旅游供应商把产品卖出去，最终才轮到我们在中间挣多少钱。把事情反过来看就不一样了，如果我是一个很强大的在线旅行社，我首先关注的是我能挣多少钱，我要挣钱多，必须酒店售价高，因为我的佣金是跟着酒店单价走的，如果我要佣金高，我就要说服酒店，要控制售价，售价不能降下来，至于消费者是不是喜欢，酒店是不是空着房子，这不是我的事。为什么？我只要佣金高就行了。这是两种截然不同的思路，对整个行业产生的影响也很不相同。大家可以看到这个行业当中有不同的声音和想法，而这个问题在机票行业已经一次又一次被证明了，在酒店行业中，实际上我们的增速也证明了这个问题，我们的增速达100%。消费者是整个产业中最有权利说话的人，谁都不能挡住消费者说话的权利，航空公司和酒店是为消费者服务的，它们要为消费者低头。在线旅行社首先是为消费者服务的，其次是为航空公司和酒店服务的，更要低头听听消费者要什么，只有这样才能把技术用得好，才能把整个产业价值链的模式做好，这是从技术到底为谁服务这个角度来看，技术如何改变商业的发展。

最后一点，我要说一下我的感受，在和政府机构领导、国家旅游机构领导沟通过程中，作为旅游行业整体来说对创新还是非常支持和鼓励的。在去哪儿刚开始发展的时候，戴院长就和我们沟通，给我们很多指导意见。在企业不断做大的过程中，我感觉到有一些监管还可以进一步地放松，比如我们在2013年推出的一些当地人业务，包括零付团费问题，我有自己个人不同的观点，根本的观点是什么呢？监管和企业的发展是一样的，我们首先是为消费者服务的，零付团费是因为有消费者需求，这是最根本的一个问题。在去哪儿上有很多产品，价格是比较低的，有一些取消率等，我们把价格抬高，把取消政策改好以后，消费者的需求是下降的，因为有很多消费者，就是不取消机票，没有这个需求，他们就是要低价，而目前中国的很多旅游供应商提供的产品并不能够灵活地支持消费者需求。我认为零付团费也是相同的问题，零付团费为什么不能在卖的时候标注一个像香烟的骷髅头这样的标识，告诉消费者说，你必须要知道这个东西是一二三四五，甚至可以打一段话，我自愿接受零付团费，我知道零付团费有什么样的缺点，然后再确认。为什么不可以呢？至少从去哪儿的角度讲，我们看见有大量的消费者，非常自信，认为自己在和导游、导购的斗争中能赢，他们就是要参加零付团费，为什么不能满足这样的消费者需求呢？同样，去哪儿目前在做当地人的业务，有一些学生、当地人，甚至是退休人员，他们对当地的风土人情非常熟悉，很愿意为旅行者提供导游服务，讲一些风土人情，他们讲出来的是原风味的，不是教科书教出来的。但是实际在做的过程中受到的阻力比较大，因为和《旅游法》有一些不合之处，所以暂停了。我个人认为，这件事情是违反了消费者诉求的，因为在全世界，当地人做导游是一个趋势，但是全世界也都受到了监管。

还有一些相同的问题，比如大家看到的租车业务，在全世界和当地的出租车管理机构都在博弈，当地有很多出租车公司上街游行，但是仍然没有挡住其发展。新加坡有一家租车公司在过去的一年中，估值只有三四千万美金，但6个月前它刚获得了一笔2亿美元的投资。在6个月过程当中，这个公司得到了非常大的发展。为什么呢？东南亚政府对于这样的新型业务是非常支持的，包括新加坡和马来西亚政府，都愿意放松监管来支持这类企业的发展。像中国的P2P的业务，目前也在观望过程中。P2P像雨后春笋一样的发展，发展当中有没有问题？肯定有问题。在不少平台中，P2P平台是会跑路的，但是我们也没有因为这个东西要加强监管就把它全部封杀。今天去哪儿是一个大公司了，相对来讲我们和政府的沟通力也是比较强的。我们也为互联网小企业呼吁一下，希望政府可以进一步放松对这些新兴企业的监管，加大对创新的鼓励，因为去哪儿曾经是小企业，我们在成长过程中受到大企业在政府层面上甚至敌意的对待，幸亏国家旅游政策对我们有很多支持。整体来讲，大企业对小企业的压制，在各个层面都是非常强的。

今天去哪儿作为一家相对大的企业，我们期待整个产业更加开放，释放更多的创业者进来。政府层面应该更好地支持创新，更好地对一些规则进行有限度的破坏，没准原先的规则就是错误的。商业在不断引领消费者的需求，去哪儿会坚持不懈地为消费者服务，为具体的服务机构如航空公司、旅行社等旅游产业链的中坚力量服务，最终才是为我们自己服务。

谢谢大家。

旅行服务企业的多元化发展

中青旅集团总裁　张立军

非常高兴来参加这个论坛。马上年底了，我看今年的关键词有一个可以加上，就是会多。戴院长一年到头参加很多的会，今天是他的主场，给我的题目是旅游的多元化发展，并且还有一个更大的题目，叫商业思想。这个词应该说把我们目前整个旅游大行业的痛点给找着了。就中青旅而言，我想从四个方面和大家作一下交流。

一、中青旅的旅游多元化基因

我们是1997年A股上市的第一家旅游企业，现在已经18年了，走的路长了，有可能经历和感受就多一些。这些年中青旅采用了旅游多元化发展的模式，它有三个特征：第一可以借鉴；第二，不能够复制；第三，更不能够推广，它是一个特殊历史时期的产物。1997年上市的时候符合咱们现在做的两件事情，一个叫整体上市，中青旅当年就是整体上市，还有一个符合现在所讲的混合所有制。中青旅当初募集资金的时候，单一大股东也就是27%。当年上市的时候，我们旅行社的主业都是抱在怀里的，当年我们搞的一个上市指标，是稀缺资源。中青旅品牌旗下所有的净资产和权益能放在里面的全部放在里面就是7000万，和当时的基本条件严重不符，所以我们找到其他四家发起人，当时有苏州太湖国家旅游度假区、创投科技、嘉事堂药业和广西青旅。实际上我们是为了凑家数、凑营业收入和业绩，因为旅行社是轻资产，当年我们只有六七千万的净资产，一千多万的净利润，圈不回来多少钱。当年上市的主体都是国企，国企拿出一小部分来上市，叫重组，也叫包装。它一般都是会持有60%~70%

的股份，流通股的盘子一般最低是25%，它也就是25%的流通盘，国有股占75%，那时候是真正的一股独大。中青旅刚好反过来了，因为它比较小，我们的持股率也就是25%多一点，这和当年的情况完全不同。上市意图也完全不同，其他国有企业上市的意图是减轻银行债务负担，甚至有些国有企业上了市，都是用这个钱给员工发工资的，而我们中青旅上市是一个整体上市，上面不再有母公司，只是一个壳。从股权比例来说，18年来中青旅一直就是混合所有制。

中青旅旅游的多元化发展，一方面重组的时候有景区业务，也有科技业务，这里面是多元化发展的一些基因。另外一方面，也有治理结构的多元化，这样才能支持旅游企业的多元化发展。实际上也是一个无奈的选择，就是一个不该上市的企业上市了，当时是这样的状况。而我们所追求的是什么呢？后来讲上市公司和母公司五分开，我们十分开都分开了，上面没有东西。现在讲要引进多种所有制主体，当初我们不同的产业类型、不同的所有制主体，已经实行了混合所有制。而我们所面对的是什么呢？把钱圈进来，接近4个亿的现金。旅行社是最不规范的行业，而上市公司是要求最规范的资本市场，所以出现了矛盾。还有旅行社是轻资产，当年是不需要投资的。而上市融资后，是必须要完成投资的，所以我们又进入了一个囚徒困境。怎么办呢？首先要保证我们是绩优股，因为上市资源来之不易。实际上我们一开始上来干的是什么事呢？就是资本运作，场内的资本运作。当年做国债，做股票，做了好几年，紧跟着像我们有风险投资设立，我们也跟进了，包括当年讲高科技。实际上我们不管怎么做，有一件事情是清楚的，旅游是本业，我们对旅游还是看好的。一开始的时候也不能说信心那么坚定，但是我们叫中青旅，做任何事情，最终还得回归到本业，即旅游业务上来。我们前几年确实是以业绩为导向，以确保上市公司能够在资本市场里立住脚。旅游，我们就认定一条，既然当年的环境要求规范，我们就做规范吧。现在看来，做规范虽然很吃力，但是做规范不吃亏。印象中，当年只要有5000万，2000年前后能收上百家旅行社，我们也不是没有试过水。我们收的第一家旅行社是海南的青旅，花的钱也不多，结果是什么呢？我们作为上市公司，每个季度去做审计，一年去做现场审计，它一共带来5万元的收益，但工作人员往返飞机票就花了七八万元，觉得这个活不能干。我们就想好了自己干，自己开发一套体系。在这个过程中，我们实际上手里拿着钱，对旅游有自己的整体考虑，认为中青旅是有先发优势的上市公司，我们构造一个旅游生态圈，是存在这种可能性的。

二、中青旅的景区和酒店

因为我们一直在这个行业干，从入境开始做，到出境，到国内。想来想去，这个生态圈该怎么打造呢？应该说出境业务是我们的核心业务，这一块未来还是能够赚到钱的，而入境业务，随着中国的崛起，它只会采取一个守的态势，所以我们采取放水养鱼的方式。国内业务的基数比较大，未来发展的空间也比较大，如果靠做中介旅行服务去分享国内旅游的红利是不大现实的，所以，我们就有了以中青旅作为品牌，整合要素资源这样的思路。我们当初考虑过，也跟航空公司探讨过，和海航也探讨过，最后没有做成。为什么没有做成呢？我们初步确立了进入旅游要素市场，分享国内旅游发展红利的战略考量之后，下面是要有标准的，于是设立了四个标准：第一个标准就是要找到那个人。你要投那个人，你投的不是项目。你找对那个人就有80%的成功概率，80分就有了，如果那个人是可以的话，基础稍微差一点，他都可以做好。人如果没有找对，他抱着金饭碗也会砸了。第二个标准，要有一定的品牌基础。如果从零做起还是比较困难的。第三，要在合理的市场半径内，天山有再好的景点，但市场半径太大，不属于目标范围。第四，作为上市公司，资产一定要完整。当年，我们对景区的历史发展逻辑做了一个梳理。第一个阶段，旅游景区建设的形态是纯人工的，就像世界公园，让你一日看世界，很短暂就过去了。第二个阶段，是纯自然的，比如我们当年打包进去的国家太湖旅游度假区，后来我们退出去了，那叫纯自然的。第三个阶段就是"娱乐+地产"的，那时候华侨城已经开始弄了，包括迪士尼，都是这种类型。第四个阶段就是文化旅游化、旅游文化化，就是以我们投资乌镇为代表的，我们要做，不要跟在别人的屁股后面做，最好有自己的一种商业判断。我们投了乌镇，是当地政府最成功的招商引资，对我们来说是最成功的一笔投资，它的核心价值在哪里呢？就是它里面的房子、住宿、酒店。在座的诸位都知道，旅游食、住、行、游、购、娱六要素中，最关键的一个环节是住。我们为什么抛开前三个阶段，直接进入第四个阶段，这是因为前三个阶段是有问题的。为什么这样说呢？第一个阶段肯定是提不上桌面；第二个阶段纯自然的风景区，靠门票经济，也是靠不长的；第三个阶段，靠地产的话，这里面有一个如何解决当期和长远搭配的问题；我们直接进入第四个阶段，住的环节，这是可以的，可以分享到国内旅游发展的红利。乌镇目前的情况是,每年接待900万游客,有将近10亿元的营业收入,每年贡献3个多亿的净利润,它已经从休闲乌镇到度假乌镇再到文化乌镇,现在是互联网乌镇。我们的进入解决了什么问题?其实我们解决的是一个机制问题。如果乌镇现在还是地方政府100%拥有的景区,它未必比现在做得好。我们做这类投资有一个大前提,一定要遵循市场化,当初我们谈判最关键的一个要害是什么呢?要不要给管理者期权,那时候我们表态非常明确:如果给管理者期权,中青旅就干,如果不给我们坚决不干。我们认为利益安排是根本的制度安排。所以,乌镇发展到今天是综合作用的结果。包括这次互联网大会也是,实际上选定乌镇去召开,世界上没有先例,没有开过全球互联网大会,乌镇做接待没有问题,但是要搞就不行了。我们的会展公司就上了,4000人没有问题了,从刚开始做大会方案,得到了网信办的高度肯定,是他们联手才使得乌镇把互联网大会成功地办好。如果说从酒店业的角度来看,当初除了坚持那四个标准之外,在发展阶段上我们也有考虑,当时有一个五星级酒店,做一个什么形态的酒店,要从实际判断出发,高端酒店是一种模式,包括当初如家、锦江等经济型酒店已经在铺了,我们进去的时候也在想,不能跟在别人屁股后面走。后来我们确定了酒店的定位,用我的话说叫不三不四,从2005年投山水酒店,坚持到现在还是不三不四,就是不是三星的也不是四星,介于这中间。我们从20家做到50家,还是坚守这样的定位。说明只要坚持做一件事,无论景区还是酒店,都可以把它逐渐做好并做起来。这两部分业务从每年的吞吐量、接待人数,包括产生的客单价,实实在在地给中青旅带来了很好的回报,这种回报对我们来说是分享到了国内旅游增长的红利。

还有一个项目是我们做的北京的古北水镇,也是乌镇团队来做的。为什么做这个项目呢?这个项目用我的话来说,最早起名叫"类乌镇",或者说它是一个升级版。当初认为,华东地区这种古镇形态很多,但在华北没有,还不是古镇的问题,我认为北京旅游资源有一个重大的致命问题,北京的旅游资源,都不是为消费者提供的。颐和园是慈禧太后住的地方,大家就是去看一看,长城是边关和要塞,大家去瞅瞅,但这都不是为消费者做的资源,这就很有问题。农家乐出去,随便的、零散的、不成体系的,今天吃一顿、明天吃一顿,所以非常有必要做一个这样的古镇。这么大的一个华北市场,我们完全根据客户的需求,给客户做一个既能解决休闲又能度假,既能解决自由行又能解决商务,既能解决会奖又能解决大型国际会议,既能解决平时又能解决周末的这样一个综合性景区，我们就把乌镇复制过来了。现在来看，发展状况还不错，到今年100万的接待人数没有什么问题，2亿元的收入也没有什么问题，也就是说第一年客单价200元钱，问题不大，但是冬季面临的挑战还是很大的，对我们也是一个压力。再加上它的投资是10倍于当年的乌镇投资，压力也比较大，但是这件事情既然做了，开弓没有回头箭。

以上介绍景区和酒店这一块，一方面构建旅游生态圈是必不可少的，中青旅做这件事是顺理成章的，反过来如果中青旅做电和钢，就是驴唇不对马嘴了。如果做电和钢的公司来干景区这件事，也是对不上茬的。从多元化角度来说，要有构造生态圈的一个合理必要的逻辑。

三、中青旅旅行社业务

从旅行社来讲，重点在于细分市场、重塑业务流程、走专业化的道路。我们从构建旅游生态圈的角度，怎样看待这一部分呢？从大的逻辑体系来看，中国改革开放三十多年，在这之前三分之二的时间，它是以物为本的。为什么这样说呢？它是建立在劳动力充沛、资本短缺、土地资源充沛这样"两充沛一短缺"的基础和背景下的，所以钱变得很重要，人变得不是那么重要。而我们强调GDP，强调产值，强调制造业，这都是当年以物为本的历史背景所造成的。这十来年，情况发生了重大的变化。中国已经进入了资本相对富裕、人力资源相对短缺、资源相对短缺这样一个"一富裕两短缺"的阶段，所以必须从以物为本转向以人为本。从景区来看，消费的增长是一个很自然的过程，这是一个长期的判断。以物为本的年代，五星级的大堂、四星级的走廊、三星级的房、二星级的床，在国外刚好是相反的。我们做的中档商务酒店业是一样的，两星级的大堂、三星级的走廊、四星级的房、五星级的床，最重要的是那张床，原来是以物为本，不考虑这个事，现在完全要颠覆过来，包括飞机的头等舱，就讲究宽大，服务上应该比普通舱要好很多，这才叫以人为本，是不是特别大不是最重要的。所以，旅行社服务我们是把整个业态按照B2B和B2C来划分，以人为本就得以客户需求为导向，所以我们把B客户分成差旅和会奖，把C客户分为团队和自由行，只有这样去做组织结构的划分，才能够有专门的组织机构应对，能培育出专业人才来，所以我们培育出了中青旅会奖，这个大家都知道，我也不多说。还有，中青旅的"百变自由行"、遨游网，这都是以人为本、以客户为导向的旅游划分结果。

中青旅有一个特点,在国有背景的上市公司里面,市场化程度还算高一些的。在充分竞争的市场企业里面,它的专业化程度也比较高一些。为什么会这样呢?第一个问题,我刚才已经回答了。第二个问题,我们特别注重机制和制度的建设,所以我们旗下所有的专业化的子公司,都是改制过的,主要负责人一定是有股权的,包括两个科技公司在行业里面也是第一名,管理层都是要持股的。这个问题在中青旅已经解决了。因为对的地位、对的人,再加上对的机制,这三样东西缺一不可,要让我一年到头干哪一件具体的事,我是干不来的。我的作用,最大的功能是用人尝试,把机制搭起来,找对人,就干这三件事。现在看起来,一个一个专业化的品牌,包括乌镇、水镇。水镇也是,在一开始创设的时候,不给主要人员期权的话,中青旅就不牵这个头,实际上也是一样的道理。

我们做到今天旅行社业务的细分,是用我们一贯的理念,比如中青旅会奖,是从2002年开始做的,这件事情没有人干,我们就坚持在做。我们认为集团客户的会议需求、全球性的大型会议需求是存在的,包括整合营销的模式。现在很多地方的旅游局和地方政府,营销和策划有专门的公司,我们也有,营销和策划以及全案推广都在做。我们的自由行,2008年开始做的,当时我讲了一句话,我说线上公司的自由行,电子商务的自由行,它很自由,但不安全,它的数据库里有几十万的酒店,几十万的机票,你可以随便配,但是见不着人。我们传统扛旗子的团队,七天时间就全都安排好了,很安全,但不自由。我说一定存在这种市场需求,是什么呢?既安全又自由的自由行,就是中青旅的百变自由行。简单来说是有人为干预的。从2008年坚持到现在,已经超过10个亿,在自由行里面也算是知名的品牌。这个和大家说的是什么呢?如果没有旅游产业发展的多元化,一般的企业是做不来的,因为前期都是要投入的,都是要亏的。单独的一个旅行社就更做不来这个事情。事实上,我们也发现了,我们去做创新型的业务,对我们来说,既存在市场机会,机制也配套,同时我们也有资金支持。我们现在做成这样一个构架,总的来讲,压力还是非常大。100个亿,我们有了100个亿旅游服务的营业收入,本来想喘口气,但这两年行业出现了巨变,就是旅游电子商务,互联网的应用、移动端的应用、物联网的兴起,给我们带来了非常大的压力。

四、中青旅遨游网

最后跟大家分享一下中青旅的遨游网。非常感谢各位的支持,也感谢整个行业的支持,遨游网不能说做得有多大、多好,但是大家还是认可中青旅遨游网的。我们是怎么来看待这件事的呢?这可能是大家关心的事。从商务角度,如何看待这一拨产业和互联网巨变?不管从产业市场还是资本市场,公司分为两大类。一类叫投资者投预期的公司。什么叫投预期的公司?我们所有的这些线上的公司,投资者购买的是它的未来,所以我们有 A 轮、B 轮、C 轮融资。这一类公司,它必然是要亏损的。因为从它的规模来看它的未来产业走向和整合,要盈利还麻烦了。如果要盈利,想象力就没了,就到此为止了,一年也就挣 5000 万,这类公司,它必然就是这个游戏,背后有资本市场,它的专业团队是有不同要求的。还有一类公司是蓝筹公司,今天在座的就有一半,你们是非常令人羡慕的,是属于投资者购买你们预期的;还有一半是(我们也属于这一类蓝筹公司),叫绩优股,成熟的实体型的集团公司,投资者对公司的计算,挣了多少钱是很清楚的。背后的投资团队是一个成熟团队,投一个必须保证成功一个。在这种情况下,就要清楚企业属于哪一类,如果属于蓝筹公司和实业公司,必须保持蓝筹公司的战略定义。中青旅绝对不会做这样的事情,说 2015 年一季度预亏一个亿,上一个财年是 4 个亿的净利润,亏 5 亿干什么,要做互联网,不把一个绩优股变为垃圾股了吗?不能干这个事情,也没有必要干这个事情。

在今天我们还是要关注几类现象。一类现象就是要关注华尔街。我们发现卖预期的公司在境外上市的比较多,华尔街比较注重预期,它属于资本运营的层次比较高的。而我们国内 A 股一般都是实体性的公司比较多。现在 A 股上了 3000 点,1 万亿的成交量,关注国际资本的走向,这里面会有些变化,其周期持续了五六年。企业如果做蓝筹就做蓝筹,最悲催的是你的金身被破了,本来做预期的,做了盈利了,然后又变成亏损了,这是比较麻烦的事,是最糟糕的。很糟糕的是这个事情,其实我们最可怜的是做预期的时候做到盈利了,反过来又亏损了,这个事情非常麻烦,所以对这个事情要有一个高度关注,就是要高度关注这一轮国企改革对行业的影响,对效率和公平把握一个什么样的度。第三,这一轮对于渠道端的投资要高度关注。大家知道,以前资源端投资很多,比如景区和酒店都是资源的，原来旅行社一直不受待见，现在资本往渠道端奔涌，基本上是5倍打底了，要关注这个事情。我跟他们交流，我说以前旅行社散小乱差没有升级是因为没有资本进入，大家感觉到地位低下，现在有资本进入了，反而害怕了，要拥抱它，拥抱互联网，拥抱资本，这三个东西是我们要多关注的。

关于遨游网，其实我们的考虑也是一样。刚才我说的两类公司，资本的逻辑体系差别特别大，传统企业是这样的，成功都是一样的，失败各有不同。失败的话，有的是家族企业，有的是管理不善，有的是资金链断了，等等，成功都是因为各方面做得好，在行业就脱颖而出了。互联网企业颠覆了，成功的互联网企业都是不一样的，但是失败企业失败的原因是一样的，烧钱没有烧好。这类企业的基本逻辑和传统企业的差别非常大。当然，它们在中国成功有一个共性，是什么呢？是因为中国存在着庞大的行政管理和许可准入制度，而它们的成功一旦打行政管理和行政准入制度的擦边球，就盈利了。大家看看互联网金融，还有我们的旅游电子商务，包括租车，都是行政管制、特许金融，它分享了这个红利，这个在中国倒是相同的。我们做遨游网是怎样考虑的呢？线上企业做O2O，要做线下，你把轻资产公司变重了。中青旅这一类的品牌，我们做线上业务是什么呢？本来我们是重资产、重渠道的公司，做线上是把资产变轻了。做这个东西是天然的，也是必然的。

举两个例子。一个例子就是关于我们做遨游网这一块，线上线下是大家最苦恼的事情，我们是怎么应对的呢？我们把线上线下这个问题解决了，比如我们第一诉求是什么呢？第一诉求，因为我们30多年下来，包括在座的每家企业都有大量的存量客户，我们做线上业务，把存量客户保住是第一优先要做的事，我们说先要保住你的西瓜，传统品牌旗下积累了这么多的客户，像我们上千万的存量客户，这都是你们的西瓜，如果不提供线上的工具和便利，他们就会流失的，什么事都没有这个重要，所以一定要解决线上与线下冲突的问题。我们对线上的众多员工也是，一次认证，终生有效。在互联网销售了，业务全算你的。希望他们往线上引导客人，一次认证，全部都是你的，这样员工的利益就不会受到影响。第二，消费者体验好了，有更多的选择，在中青旅品牌下还有"遨游网"，这叫二赢。做线上业务，没有多花一分钱，但多了一个用户，多了口碑宣传，是三赢，没有输家。中青旅遨游网没有必要在这个阶段让全国人民都知道，知道中青旅的人都知道遨游网，这是非常重要的事情。当然还有例子，由于时间的关系，我就不展开了。

我想和大家分享一个什么样的观点呢？从中青旅多元化发展的道路来看，现在也面临着非常大的挑战，这个挑战之一就是我们线上线下O2O这样一个发展的进程，虽然我们的量起得很快，但投入还是不小的。我们希望2015年开始做平台。这个定位在中高端平台，服务于中产阶级，这是我们要解决的一个压力。我也希望在座的诸位，如果你们有好的想法，在服务中产阶级这个创新品牌上，希望可以与遨游网有进一步的合作。

最后想分享三句话：第一句话，从中青旅多元化发展模式看，应该说团队比模式重要；第二句话，有质量的规模比规模本身重要；第三句话，在变革的过程中，反对声越大的事情，越是应该学会并改变的东西。

谢谢大家。

铂涛酒店的品牌创设与商业创新

铂涛酒店联席董事长兼首席品牌建构师 郑南雁

很高兴有机会能够参加这个论坛,我是抱着学习,听听行业前辈观点这样一个目的来的,后来戴院长说我要参加,要做一个投名状,讲点东西才能来。

我今天主要讲讲铂涛在品牌上的一些想法,为什么要做这么多的品牌。在讲之前先简单介绍一下我们公司。铂涛是2013年7月17日正式成立的,当然铂涛的前身时间长一点,2005年创立7天,2009年在"纽交所"上市,成立铂涛之后在2013年年终把7天从"纽交所"给买回来,私有化了。同时在2013年年终发布了4个中高端的品牌,现在实际上整个集团,我们大概拥有2700家酒店,开业的超过2100家,绝大多数是7天,有超过2000多家的7天酒店开业。2014年我们估计整个集团的房费交易量大概有96亿。我们最大的资产是有8000万的会员,这一点让铂涛在过去,尤其在2013年中介打得很激烈的战斗中依然能够保持自己的优势,因为我们通过中介渠道的房间预订量不到4%。

为什么要花工夫建一个会员平台?我同意陈先生和庄先生讲的有关消费者选择的问题,其实这同时会带来另外一个可能存在的问题,强大的品牌会通过它的实力干扰消费者的信息获取,让消费者发生选择障碍。我们要有一个信息更透明的平台,其实道理是一样的,让消费者能够更好地做选择,这样也保护了自己。为什么我们要做这么多的平台?是为了保持对消费者的吸引力。实际上互联网大的平台,刚才讲了选择的障碍让消费者很难选择。我认为品牌可能是让我们这些服务供应商或者酒店,不能说是对抗,而是在跟平台的合作过程中保持对消费者吸引力的一个很重要的武器。铂涛从2013年开始建立就把自己定位为稍微有一点实力,但没有别的平台强,所以我们建立一堆有吸引力的平台,这是我们整个思路。

一、为什么要打造多个品牌

做这些品牌，首先要分析消费者。我们以前经常研究客户，经常以年龄、客户消费多少钱进行划分，这是一个有效的方法。实际上有了互联网，可能信息更加畅通，而且同样喜好的信息更容易聚集。互联网时代，不再仅以年龄、收入等传统维度划分消费群体。内容更加垂直化，网络交流更加趣缘化。消费者基于共同的价值观、兴趣爱好等，会形成多个有不同价值诉求的消费族群。有可能年纪大的、年纪小的都喜欢某一个东西，这个东西有一些共同特点，不像以前总是以为年纪大的和年纪小的喜欢的东西不一样。这是互联网时代最大的一个改变，即人的喜好选择的改变，借助信息，可以把无论年龄大小的消费群体所共同喜好的东西给勾勒出来。人到了40岁，好像只能干某件事，我现在除了可以干40岁的事，可能还会像30岁的人那样消费，可能10%的机会像30岁的人一样消费，也有可能20%的机会像50岁的人一样消费，消费的选项是基于共同的价值观。

（一）消费行为的改变

我们发现，消费者行为的改变，最大的特征是"愿意为喜欢花钱"。前几年经济高速发展，很多消费者已经积累了一定的财富。无论是百货的统计，还是我们2013年年底自己做的市场调查，都发现了这样一个结论，即中国的消费者愿意花钱。当然我们知道国家的反腐，包括对顶级奢华消费的打击力度很大，但实际上中端消费起来了，绝大多数的私人消费者，他以前把钱只花在基本生活功能上，但是当他的大的投资，几大件基本满足后，多出来的零钱，就开始花在自己喜欢的事情上。因为赚钱就是为了花，让自己过得好一点。

这里有一个拐点。有一个统计，从2011年到2012年，消费者花在非必需消费品上的支出百分比，第一次从下跌改为上升，这是一个很重要的趋势改变。等于它的总金额以前是每年逐步上升的，但是以前这个上升的速度低于收入的上升速度，这是第一次快于收入的上升速度。我们可以由此判断，消费者已经开始转向为自己的喜欢来花钱了，为什么呢？以前我花一百块钱住酒店，住经济型的酒店住得挺好，为什么现在愿意花三百块钱，功能是基本一样的，只是非功能性的改变而已。消费者愿意为自己喜欢的东西花钱，而不是根据需求或者性价比计算。

(二) 消费者选择标准的改变

消费行为的变化，引发消费者选择标准的改变，即价值诉求或格调是否打动我。我们发现，消费者花钱的时候，对于一些很在乎的、刚性的、硬性的指标的敏感度在下降，对于一些隐性元素的敏感度在上升，例如选酒店的时候，客房的地理位置、价格并不是不重要，只是敏感度在下降，酒店选择标准如图1左栏所示。比如在300到500元区间，我们对白领做过调查，为什么不像以前那样刻意，经济型酒店一百多，不到二百，很在乎。现在多花一百块钱住中端酒店也很好，消费者对价格的敏感度在急剧下降，把价值诉求放在更高的位置，消费者价值需求元素如图1右栏所示。个人喜欢的东西，这个东西满足我这一次住酒店的某一些意愿上的需求，如好玩，或者开会的时候体现更商务一点，或者出去的时候更体现有趣，各种各样的选项在上升，我们理解为价值趋向会大于价格趋向。

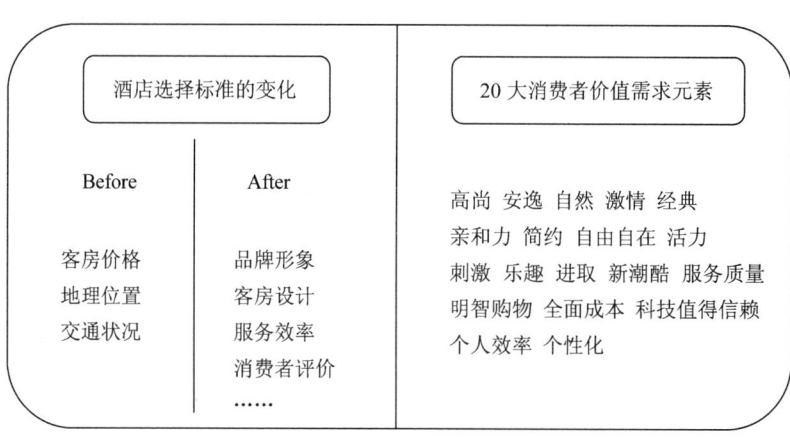

图1 酒店选择标准和20大消费者价值需求元素

(三) 结论：打造符合需求的多元化品牌

基于前面两个分析，我们确定了多元化品牌的战略。由一个观点变成打造多元化的品牌，而不是按照价格级别、分级别创建品牌，我们认为这是有依据的。因为消费者的消费取向已经完全不按照价格来分级。虽然50元一档，也依然存在，但是吸引消费者，除了50元一档，如果还能告诉他，在同一档你的喜好会发生什么变化，他更愿意做出选择。纵观未来的酒店市场消费趋势，我们势必要创建多元化、多格调的品牌，打造多元价值诉求的体验品牌圈。

二、如何满足多样化的消费需求

既然有了前述想法，对公司而言面临一个难题，即这么多消费者的价值取向不一样，如何做出满足不同消费需求和偏好的东西呢？对于同一个人，他自己的取向是相对固定的，比如我喜欢三四个东西，我的创作就是做三四个东西，或者做出三个牌子，做不出别的牌子。可能另外的团队喜欢另外两三样东西，做出两三样的喜好。在这样的情况下，去年我们把7天私有化之后，建立了铂涛，当时有一个想法，既然喜好是消费者的很重要的一个特征，我们还不如做出一个平台，让不同的团队做不同的牌子，把公司的资源搭上一个平台，而不只是靠公司内部几个核心管理层来想消费者需要什么，我们想清楚大框架，消费者的喜好，消费者的消费，他肯定是按照多元化来产生的。怎么实现这个东西？我们相信不可能凭着一个团队，或者强调高端，或者强调经济性，一个团队是做不出这么多多元的牌子的，因为这和我们的假设正好是矛盾的，我们就想办法做转换。这个转换是，我们从铂涛的角度，把自己搭建成一个酒店的平台、创业的平台，不是完全靠自己做新品牌的创造，而是搭建一个平台。铂涛品牌创建平台，中国首个"体验品牌梦工厂"，致力于打造品牌"加速器"，吸引更多有创意的创业团队和职业经理人来借力铂涛大品牌，从而构建多元价值诉求的体验品牌圈。

三、搭建铂涛品牌创建平台

我们搭成这样一个平台，实际上的做法是，作为一个集团，铂涛收购7天，7天前身有很多资源，铂涛也有大的股东。作为这样一家公司，我们有很多资源：我们把7天的会员体系迁移过来，我们有足够多的资金，还有遍布全国的开发团队，我们原来做经济型酒店，对酒店行业比较了解并有一些积累，这些都是公司现有的比较强的资源，对于新的创业团队来说是没有的。新创业团队更强调的是对价值取向的感知，我们的判断是这个团队的人是否能感受到这批消费者的需要，这批消费者可能不是我们公司内部几个品牌，还要考虑年轻人，还爱玩年轻人的感知度。对这两个品牌，我们只是在验证，他们这个团队感知是不是这批人的,只要回答出他们的答案,这就是一个潜在的机会。

对于品牌创建者来说,我们需要有品牌的构建,有这个感知,有客户体验和品牌的运营,集团是做下面这种更加一致性的工作,我们搭建平台的思路就这样产生了。现在我们经过努力,在一年的时间里,由原来的7天,到现在已经出现了十几个品牌了,这些品牌在还没有建出任何实体店的时候,就已经签了超过200家酒店。铂涛要做的,是要筹建这些酒店,帮助投资人来建这些酒店,用这些品牌来经营酒店。这些酒店基本上是中高端的,等于在我们将近2700家酒店中,有2500多家是7天的,其中开业的超过2000家,另外有200家是新做出来的中高端酒店品牌,我们酒店品牌创新成果如图2所示。对于这个创新速度我们是满意的。作为集团,我们干了我们自己该干的事情。但是消费市场的改变有很多东西已经不由我们决定,就像刚才立军兄所讲到的很多内容和我们的想法有点类似,因为这种创业平台肯定要给创业团队股份,有创建的股份。第二,作为集团,主要的支持就是钱,现在最没价值的东西是钱,现在钱到处是。现在最有价值的东西是人的创造力,我们把自己最没价值的东西,但对于刚起步的企业在那一刻是最有用的,我们把他们的创造力和集团的支持进行结合,由此带来了快速的发展。

图2 品牌创新成果

这件事能否做成，我觉得团队很重要。选团队，最重要的就是观察消费者，或者说把自己带入，他就是一个族群或者消费者的典型代表，或者他很能理解这一群人，能围绕这群人做出自己的品牌。在品牌细化产品的时候，公司会帮助创业者，毕竟集团有很多酒店经营管理的经验，会帮创业者一步一步落实细节。做出这个品牌，说来说去，有三点：第一，他不需要有酒店行业的经验；第二，他需要深刻洞察消费者的需要；第三，品牌价值主张能够打动消费者，就是品牌的价值和洞察之后，就知道讲什么事自己最喜欢，同样这群人也喜欢，就讲同样的故事，讲同样的需求，讲同样的想法，大家就很容易取得共鸣，由此就形成了团队的核心。这是业内首创"品牌先导理念"，颠覆了传统酒店创建品牌的流程，如图3所示。当然，团队另外还有一些选择，包括经营管理和能力，都是需要的。我们现在做的这几个团队，并不是每个团队都擅长，有些日常运营甚至可以通过集团配人，配完人以后把这个人加进创业团队里面去。在创业行业，李开复是做创新工场，我们把自己变为比较窄一点的创新公司，创新工厂只是提供资金和场地，我们提供一部分专业支持，我们做得比较深一点，做酒店业的创新酒店。

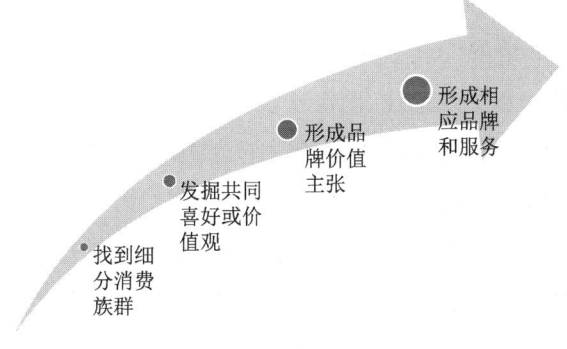

图3 品牌先导理念

四、铂涛创新品牌介绍

1. 安铂酒店

2014年10月发布的安铂酒店品牌，它由法国Paris Inn Group和铂涛酒店集团共同创立，中方主控股。是以法国Paris Inn Group旗下现有的五星精品酒店

（巴黎Mac Mahon）为基础，以法国和中国为基地，面向全球市场的高端精品酒店品牌。品牌使用ALBAR作为品牌名，是向法国Albar家族四代酒店人在巴黎近百年酒店业经营的传奇历史致敬。实际上这个家族是很老牌的做酒店的家族，做到现在，一个家族在巴黎市有三十几家酒店，拥有全部资产，在巴黎资产是很贵的，自己的家族，负债率很高，不知道怎么扩张。知道我们后，就跟我们谈，我们把他们家族这么长历史的因素抽取出来，把他们现在在巴黎的两家酒店改造为巴黎的五星级，巴黎的五星级很小，远没有我们国内好。最有标志性的五星级酒店离凯旋门只有60米，这是离凯旋门最近的一家五星级酒店，但也很小，只有50间房，把家族里面最贵的这家五星级酒店换成看起来是家族品牌，但控股权在我们手上，我们占了70%的控制权，等于他自己拿出故事来包装，我们也可以在中国来扩张这个品牌。我们这个平台不只是对创业团队，甚至跟别的欧洲的酒店集团的合作也发挥作用，他也看上我们的会员体系和资源系统，可以创造出更好的消费体验，这是安铂这个牌子。

2. 铂涛菲诺酒店

铂涛菲诺是致力于打造城市酒店、旅游度假酒店及酒店式公寓的酒店品牌，专注于超级客房产品、定制式配套设施及服务，为智慧人群在旅程中提供如铂金般高贵、精致、舒适的专属领地。这是我们集团最早做的，但实际上一开始做得并不好，对集团来说，铂涛菲诺这个品牌是由7天这个品牌做出来的，中端品牌是发展最慢的，当时铂涛菲诺有太多的想法，最后改过来了，这验证出多品牌不是我们想法多，而是我们做了一个结构，让有想法的人上来跳舞，才做出这样的结果。铂涛菲诺在我们公司排名中端，因为是最早的一家，私有化的时候我们就想做，只是它不是完全创业的结构，虽然我们有股权，但毕竟不是自己创新出来的思路，只是一个运营的股权。

3. 麗枫酒店

麗枫酒店以天然香气为特色、舒适感受为主题，相信生活本应是静享惬意，无拘无束的；主张"心自然，身自在"的生活哲学，致力为理解生活、欣赏生活、享受生活、热爱生活的"生活家"们打造一个贴心舒适、亲近自然的商旅住宿空间。我们讲"麗枫"这个中端品牌，讲自然清新，这个品牌是发展最快的，从2013年7月到现在，已经开业的酒店，预计这个月底将有20家，一年中，签约已经超过100家酒店，这是发展最快的。

4. 喆·啡酒店

喆·啡酒店是铂涛旗下首家以咖啡馆文化与酒店完美结合的酒店品牌，是前所未有的酒店品类：Cafe/Coffee + Hotel = Coffetel。喆·啡酒店全球注册独创的 Coffetel 理念，将咖啡馆文化与酒店融合为一，致力打造消费者与酒店情感互动的新生活方式，为商旅客人营造旅途中的"啡凡"存在，创造令人喜欢的住房选择。我们可能很奇怪，喝咖啡怎么睡觉，喝咖啡提精神。但是在中国有很多商务人士、白领或者出差的人，他们觉得这个时候在酒店喝咖啡，是自己熟识的感觉，我们就做了"喆·啡"的品牌，这个团队就是把咖啡和酒店文化结合起来，它的大堂很有品位，如果喜欢这种感觉的人一进去就喜欢。我有很多朋友都喜欢。估计我的年纪大了，到了 40 岁，觉得需要稍微慢一点的感受，就很喜欢这个，把咖啡和酒店概念结合在一起的品牌。

5. ZMAX 潮漫酒店

铂涛旗下新锐酒店品牌，ZMAX 潮漫酒店致力向时尚睿智新一代旅客传扬"率性乐活"的精神价值观，努力打造中国社交酒店第一品牌。我的社交主场 ZOLO 搜乐堂、催化社交能量的魅力客房、掌控社交乐趣的移动智能 APP……处处洋溢惊喜社交因子。ZMAX 潮漫酒店以前所未有的社交新酒店生活方式 Z-LIFE，创造人生中最好玩的出行体验！我们经常开玩笑，从酒店角度来讲我不喜欢这个品牌，这个品牌在欧洲和东南亚，东南亚分为两个，这三个分公司都成立了，三个分公司的首选品牌，去他们那里推广时首选都选了这个，可见这类人群是喜欢的。如果这个品牌还在 7 天管理体系下是做不出来的，因为我们这几个人都不喜欢，后来发现这很符合现在更年轻的消费者的选择，或者更高知识分子的年轻人的选择，这是很奇怪的。我们这个月正在做明年的计划，海外三个团队的开发计划，他们要签约 100 家酒店，每个团队选几个品牌，ZMAX 是所有团队里面首选的。

6. 希岸酒店

希岸酒店，中国首个女性视角酒店品牌，全新品类酒店，致力于打造符合现代女性需求与格调的酒店住宿体验。首创"Hotelle"（Hotel + Elle，elle 是法文"她"）女性视角酒店理念。Xana Hotelle 希望为女性打造一个贴心、细腻、呵护自己的专属空间，让她们出门在外，却未曾远离幸福的源头，并在点滴之中，尽情享受自我，感受到令自己惊喜的小确幸。这是刚刚三十出头的年轻小姑娘想出来的，她从自己作为女性住酒店的角度，认为女孩子住酒店需要受到呵护，我跟她聊了很久，拿不准感觉，我是男的，进了房间看了，和我们的房间没有什么不一样，只是颜色不一样而已。她讲了很多小细节，比如挂衣服的地方，为什么这么敞开挂，很长的一个，因为女孩子就算住一天也有很多衣服，这样好挑，这样的小细节，包括她们认为某些色泽能反映，并不是粉红色，我们几个高管跟她们聊天，肯定是搞红红绿绿的东西，后来发现没有红色，整个房间都没有，这又反映了她是做这个品牌的人，她有这种动力，洞察女性潜意识的感觉，我们就洞察不出来。

7. 稻家连锁酒店

铂涛旗下的旅游酒店品牌，稻家连锁酒店位于独具民族风情的旅游景区，致力于为旅游爱好者带来充满当地民俗特色的住宿体验。目前位于新都桥、稻城和亚丁的稻家连锁酒店，以舒适、富有西藏风情为特色，为旅行者带来家一般的轻松自在。这是我们收购的一个小旅游区的品牌，不是我们自己创造出来的。

8. 穆拉咖啡 MORA COFFEE

不同于其他的咖啡品牌，Mora从诞生起就打上了年轻人的烙印，它以"拥抱变化，追寻未来的无限可能"为独有内涵，以咖啡馆为圆点，把一群积极、有想法、敢于尝试、志趣相投的"心"青年聚在一起，不断去体验，去探索，去发现未来的无限可能……实际上我们做了跨界的尝试，最终我们觉得酒店是一个，因为现在的消费越来越多元，可能铂涛以后会尝试做一些体验型消费，体验型消费为什么重要呢？实际上我们做的行业，一方面是受互联网冲击最早的，反过来在互联网冲击之下又是最幸运的行业，为什么呢？互联网是很大的平台，消费者在互联网平台上更关注价格和利益，但是体验型消费有一个最大的特点，500元的价格并不是他这次消费的总成本，他这次消费的总成本是他自己有两天在的地方，他的个人成本可能是更高的，由于成本结构的组成，就会使得他非常重视体验的品牌和服务做得好不好，不像买一个商品，买一个电视，买回来，不行第二天看不爽马上退货，退货对个人而言没有什么成本，无外乎给一些运费。在这种情况下，互联网的战斗力非常强，后端的生产商家和服务商完全没有话语权，所以互联网平台，只要消费者选择就给最低价格来选择，消费者一看不爽，马上退货，他没有什么成本付出。对于消费行业，我们只要品牌做得好，服务做得好，有足够的力量跟大的平台形成好的合作，消费者不仅仅看价钱，其中很重要的隐形价格完全是由服务企业和体验提供企业控制,是互联网企业完全解决不了的问题。比如我们出去活动一天,花两三千块钱,可能还没有我个人的成本高。我进黑店惨了,等于把自己折腾死了,这是很重要的。我们也在尝试,吸引一些团队做一些跟体验有关的小消费,其实都是为了在整个公司内部聚集一堆做关注消费者体验的团队,他们互相竞争、互相影响,促发一个更良性的生态圈子。

9. 漫珠沙华艺术平台

漫珠沙华艺术平台是由铂涛发起的"人民艺术平台",旨在把艺术带到离生活更近的地方,同时为青年艺术家提供一个广阔的沟通交流平台。漫珠沙华艺术平台将联合有公信力、影响力的艺术机构,筛选一批有潜质的艺术家的优秀作品,通过铂涛旗下遍布全国的门店,展示和无差价出售这些艺术作品;不仅让消费者更便捷地接触艺术,也为艺术家提供一个免费展示和与消费者沟通的机会。这是我们做的另外一个艺术平台,这是挺有意思的,和大家分享一下。前段时间我们去北京,跟一些朋友聊天,聊起国内有很多艺术家,这些创作者是很穷的,日子过不了,但是很多在国外留学回来的年轻人,他们认为艺术消费是他们天然的需要,这又回到刚才说的消费调查,为喜欢花钱。他们很多时候一个小房子的装修不一定做什么,不像我们要把墙搞好,把墙纸搞好。而他们会挂几幅画。我们发现,我们在做一件事,就是我们这个公司完全是公益的,没有盈利的。比如我们的咖啡店里面空出一些位置,让他们做一些画的推广,我们完全不加价格,但对这些画要有甄别性,没有艺术性的不能放。我们并不是一个甄别机构,会跟一些做公益艺术的机构合作,只要求他们一点,在这里卖的所有画的价格,现在谈的是88,等于中间机构收12%,因为要帮这些画家上税和交税,包括处理各种运费,剩下88%的钱一定要给画家本人。表象上看,我们是公益项目,其实是抓住年轻的消费者为喜爱为价值消费的一个可能的趋势。我们现在进一步提,要求旗下的所有中端、高端的品牌,在所有的区域不能挂工匠画,必须是创作画。这对业主老板来说,可能整个酒店花一两千万做这种装修改造,有可能花在这里两三万或者三四万是正面回报最高的地方,但是这里也需要一些,我们小团队正好是从国外留学回来的,本来是公益,他们认为这种消费以后是年轻人需要的。

刚才简单讲了我们公司对这个行业的一些理解和想法。在整个住宿业和消费行业,因为消费的变化,已经很难靠强有力的中介机构抓住消费者的改变。所谓的团队,只是提供一些大的支持和安全性的保障,像各个品牌,在大的市场上竞争，靠每一条船抓风向，抓大的市场改变风向，所以今天我们画了这样一个结构。两个月前，我们把一年干的事做了一个发布会，图4就体现了我们对市场的理解或者各个功能块的定位，包括集团自己是什么样的定位，都在这张图上体现了出来。

图4 铂涛平台化形象

简单总结，在体验消费行业里面，让公司更稳定或者持续发展能力更强的是打造两大战略平台价值闭环，如图5所示。

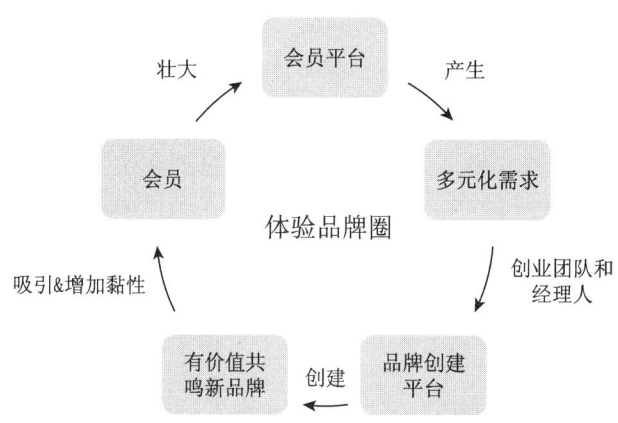

图5 两大战略平台价值闭环

简单来说就是我们要做一个会员平台，会员平台就是刚才说的信息通畅、影响消费者的左脑，让消费者根据左脑来做消费判断。我们发现人有情感需求，就自己搭建一个品牌的创建平台，让这些团队创作出很多不同人情感需求的品牌，这些品牌影响人的右脑，让消费者的左右脑参与消费的抉择。刚才上午去哪儿 CEO 庄辰超先生说让消费者抉择的机会，执着，不能利用这些大的平台对这些信息过滤，让消费者产生抉择失误。我们做了一左一右的平台，最后形成圈子，希望在互联网大潮和消费升级改造过程中能够让整个生态链更完善、更有竞争力一点。

谢谢大家。

商业思想与集团成长

华侨城股份公司董事长　刘平春

非常感谢各位和戴院长提供这样的机会，让我们可以跟大家一起讨论一个重要的题目，这个题目很有趣，说的是商业思想和企业的成长问题。可能每个人对商业思想都有不同的概括或者定义，我的理解，商业思想实质上是你对所在行业的一种理解和追求。

《乔布斯传》这部电影里有一个很有意思的片段，乔布斯从苹果出去又回到苹果的时候，他和助手有一段小小的对话，他问他的助手，你对产品的理解和追求是什么？他的助手说我们不管做什么东西，实际上应该作为人的一种自然延伸，我认为这就是苹果的商业思想。他是把一个产品当作人的一种自然延伸来做的，基于这样一种思想指导，苹果做出了从电脑到手机的各种各样的产品，以及像APP这样和互联网相关的软件处理系统，最后形成了一个改变我们所有人的生活，也改变了整个行业的商业帝国，这是一个非常典型的商业思想。严格意义上说，不是所有的企业从一开始就具有明确的思想，也不是所有的企业就是试图去改变世界。一开始的时候，很多商业思想起源于一个简单的动机，这个简单的动机在商业思想中不断地升华，最终形成商业思想。商业思想再反过来推动一个企业的发展，我想借这个机会对我们的企业做一下宣传，以我们华侨城的成长发展为例，说一说我自己对商业思想的理解，对商业思想和企业成长关系的理解。

一、简单的动机与商业思想的形成

1989年在深圳做第一个主题公园，锦绣中华，那个时候只是非常简单的一个动机,因为华侨城成立于1985年,在深圳的一个远郊地区,滩涂之地,没有任何旅游资源,也没有任何可以吸引人来的条件。那个时候我们的领导层就思考一个简单的问题,我们想做工业,想做所有的项目,珠三角地区现在成片成片的产业,我们怎么把人吸引来?从吸引人来的目的出发,由此产生了锦绣中华。当初锦绣中华产生的时候,是没有想到的,我们给定了一个主题是"一步迈进历史,一日游遍中国"。开业第一年300万人,9个月时间收回全部投资,创造了业内的奇迹,在整个中国旅游业界引起了轰动,完全出乎我们的意料。这样一个简单带动人气的动机,指导了我们在主题公园方面的第一次商业实践。简单的动机现在分析起来,它包含了非常多的商业思想,比如说合适的产品是可以创造需求的,或者说释放潜在需求;比如说主题公园的发展,它的出现正好契合了中国旅游产业或者旅游需求发展的步伐。又比如说,蕴含了文化创意的旅游产品,它具有一种独特的魅力。文化旅游可能是一个前景非常广阔的发展领域。比如说,主题公园,它能够产生聚集人气的效应等。直到我们在锦绣中华之后滚动投入了中华民族村和世界之窗,都获得了很大的成功,也使我们所在的区域从深圳郊外的滩涂之地,成为深圳最受欢迎、土地价值和商业价值都最高的区域之一。这时候我们发现主题公园是产生一个简单动机的产品,其实它具有一种非常不简单的价值功能。这个价值功能至少有三个方面的内涵:首先,它改善了周边的区域环境,迅速地完善了公共服务设施,加快了区域社区的成熟;其次,它对于主题文化的塑造和追求,增加了所在区域的文化氛围,形成了独特的品质和魅力;最后,它的外溢效应体现在周边的土地价值之中,成片综合开发可以获得更大的经济效益。由此,我们将产生一个产品的简单动机深化为明确的商业思想,就是以主题公园为核心的成片的综合开发模式。

二、商业思想如何促进企业不断成长

如果说拥有一个成功的产品是一个企业成功的起点,那么产业化发展的方式其实才是企业真正的成长之道。在市场竞争的压力下,商业思想会不断地丰富和完善,引导企业迈向一个新的发展阶段。

我们当时在深圳取得成功的时候,马上就面临着一个巨大的挑战,就是迪士尼决定落户香港。迪士尼计划在香港投资一个公园,这个公园相当于我们在深圳所有公园3倍左右的投资量,所以很多人说,华侨城应该退出这个地方,因为珠三角和香港、澳门是一个区域市场，说不可能有长期在深圳发展的机会。坚守还是退出这个场地，我们当时有非常激烈的争论。当时是什么指导我们做商业决策？就是在这个行业坚持下来的商业思想。商业思想的核心就是一句话，要将区域市场点对点的竞争演化成全国市场点对面的竞争，要突破区域，突破市场或者资源的限制，把市场半径非常分明的主题公园产品布局到全国重点城市，形成以全国之面和香港之点的竞争态势，来取得更大的生存和发展空间。由此开始，华侨城开启了主题公园产业化发展的道路，采取了一系列的战略措施来实现这样一个商业思想。比如说我们三个方面的重大措施，第一个重大措施，我们采取了一个命名为中华锦绣工程的全国布点布局的资源和市场战略。这就催生了我们在全国各地，包括北京、上海、承德、武汉、重庆这样一些大的城市、区域中心城市的布点布局，把我们成片综合的开发产品布局到了这样一些重要的城市，占领了市场，扩大了市场范围，也扩大了资源储备领域。

第二个重大措施是，为了应对整个集团公司周转的需求，也就是怎样把多点布局战略推行下去的需要，我们提出一个非常简明的商业模式，这个商业模式就是后来大家都熟知的"旅游+地产"。目标是解决资金收益的长短结合问题。我们用主题公园带动土地升值，用房地产的短期收益来支撑对主题公园大规模的、长期的、固定资产的投入。用这样一种方式，保证了我们可以实施中华锦绣工程。

第三个重大措施是，我们在坚持不懈地完善产业发展的要素配置，如图1所示。我们在深圳做公园，主要是做产品，当时说一个公园是一个产品，这个产品做好了，把它经营好就行。但是一旦我们走出深圳向全国布局的时候，我们发现，必须配置必要的产业要素，必须从创意、设计、策划开始，建设管理、营运管理、标准制定、人才培养等不同的环节，包括我们在近三年收购的数字娱乐技术平台，就是产品的设备制造环节，通过这些完善我们的产业要素配置，确保我们形成强大的、内生的竞争动力和强大的、内生的、可以复制、可以对外输出的这样一种系统能力，保证商业思想的实现。

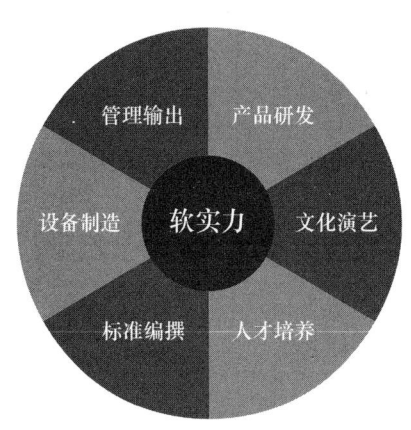

图 1　产业发展要素配置

经过十多年的努力，我们现在在主题公园领域里面，在全球权威的第三方旅游行业研究及咨询机构 AECOM 发布的 2013 年全球景区接待人次报告中，华侨城以年接待游客 2618 万人次跃居全球旅游景区集团第四名，并继续保持亚洲第一，如表 1 所示。公司的资产规模，集团规模是 1000 多亿，上市公司的规模也是将近 1000 个亿，一年的净利润有 40 多亿，形成了一个庞大的产业集团。这是第二个问题，我想跟大家讨论的，怎么样来引导一个企业的成长。

表 1　全球十大主题公园集团

序列号	企业名称	2013 年（人次）	2012 年（人次）	增长率（%）
1	沃特迪斯尼景区	132 549 000	126 479 000	4.8
2	美林娱乐集团	59 800 000	54 000 000	10.7
3	环球主题乐园及度假区	36 360 000	34 515 000	5.3
4	华侨城	26 180 000	23 359 000	12.1
5	六旗公司	26 100 000	25 750 000	1.4
6	团圆娱乐公司	26 017 000	27 130 000	-4.1
7	雪松会娱乐公司	23 519 000	23 300 000	0.9
8	海洋世界娱乐公司	23 400 000	24 391 000	-4.1
9	方特集团	13 118 000	9 193 000	42.7
10	海昌集团	10 096 000	9 400 000	7.4

三、历史范畴的商业思想

既然商业思想是对所处行业的理解和追求,商业思想就必定是一个历史范畴,必定随着行业的变化而不断地创新发展。

今天我们面临最大的时代特征,就是互联网时代,如图 2 所示。信息化浪潮是我们面临的最大的一个变化。每一个产业领域都面临着一场深刻的变革,我们站在一个新时代到来的临界点。我们做旅游的,产业所面临的游客,几乎都是在互联网条件下成长起来的,他们成为这个市场的消费主体,意味着我们的消费提供者必须适应他们的消费形式和行为方略。所以,我觉得作为旅游行业的从业者,在今天的商业思想中,最重要的一条,就是引入互联网思维。

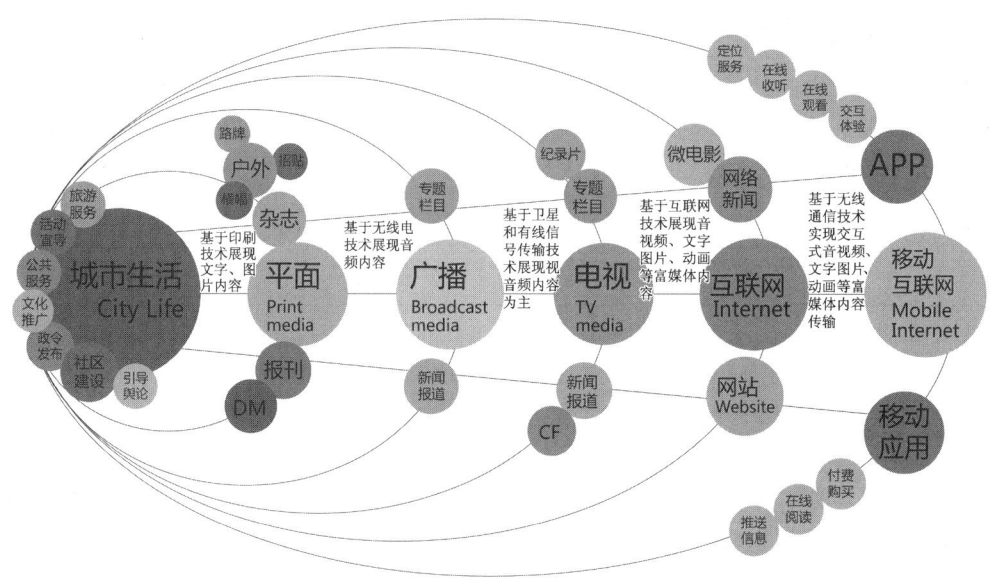

图 2　互联网时代

互联网时代对景区行业的变革影响,大体上可以从两个方面去考虑。一方面,互联网时代景区行业的产业资本和互联网的渠道资本,会有一个非常特殊的竞合关系。历史上我们看到销售比,现在的零售行业,所有零售的生产行业,在互联网时代都在发生着巨大的变化。我们有一个康佳集团,历史上卖彩电,得要市长批条子,等到最近几年的时候,他们就不用跟谁去谈判了,就跟两家渠道商，苏宁和国美，一年谈判两次，人家要多少进场费就给多少钱，渠道资本逐渐控制了产业资本。在景区这个行业，我们都是做实业的，我们有大量的实业资本，但是网上分销系统现在越来越强大，总有一天我们更多的销售是要通过网上来进行的。当然，我们景区有一个特点，它是不可移动的，它不是你买回去在家里消费的，而是体验式的，你得来，它和一般电器产品更有溢价能力，中国有将近两万家景区，绝大多数都是非常小的景区。如果没有抱团取暖，没有联盟，没有合作，没有行业的整合，在这两个资本竞争中间，一定会处于一个非常弱势的地位。所以第一个变化，我们要理解产业资本与渠道资本的竞合关系。

第二个方面，互联网为所有景区从业者提供了一种改善服务、提升市场组织方式和产业之间合作的非常便捷的条件，提供了一种降低管理成本，实现标准化管理的非常便捷的工具，这是我们受益于这个行业的最大的、最宝贵的财富。我们有机会通过互联网来提升我们的管理，改善我们的品质，推动同类景区的联合合作，共同推行标准化管理，共同提升管理和服务的质量。这是我们产业升级的一个良好的契机。

经过这两方面的实践，我觉得现在华侨城在新的时期内应该有一个新的商业思想，这个商业思想就是我们要做行业整合的引领者。我们要在互联网时代去整合这个产业，整合这个行业，然后真正地实现我们大集团的梦想。各个地方过去都在推行大集团策略，实际上拉帮配的大集团从来没有成功过，但是基于内因的、行业间的合作联盟或者整合趋向，一定会非常有商机。

我今天要给各位报告的就是这些想法。

谢谢各位。

中国酒店业未来发展趋势

首旅股份董事长　张润钢

谢谢戴院长。首旅酒店这只股票还没有复牌，我们可能还有一周的时间复牌。我所工作的首旅酒店是在上海上交所上市的一家上市公司，我们目前主要业务是做酒店的品牌和经营管理，到今天为止，我们的成员酒店有180家，涵盖了从五星到经济型的各个类别，有大约4万间房。在首旅酒店上市公司工作的同时，我的一个比较切身的体会就是眼睛要始终盯着行业，除了我们自身的公司内部业务以外，也要紧密地跟踪、追踪整个酒店产业的发展和变化的动向，不知道这种行业追踪是不是对商业思想的追踪。

从目前整个中国酒店业的情况来看，加上我们自身的工作体会，我觉得未来一段时间内，可能有三个关键词。第一个是资本，第二个是创新，第三个是改革。我觉得这三个关键词可能会决定着中国酒店业在未来至少五年的发展走势。

这三个关键词，一个一个地拆开看。首先看资本，如果熟悉和关注酒店业的同行们，大家会看到，实际在2014年，中国酒店市场上，资本已经在这个行当里折腾得天翻地覆了。不久前，大家看到了锦江集团持巨资收购了法国的卢浮集团，据说有1000家成员酒店的规模，这是一个非常大的手笔了。在大手笔前后还看到一些中小集团的动作，比如我们这个行当里不太关注的经贸集团，经贸集团也是一个酒店集团，但是专注酒店业务，而不是管理，目前投资了9家饭店，规模不大，但是经贸方向带来了未来酒店集团的另外一条路径。2014年经贸集团完成了在香港信托产业基金的上市工作，应该讲总体还是成功的。再往小的看，我们看到有一定规模的中国酒店管理公司在2014年也发生了易主，比如曾经融入中国饭店管理集团多少强的天伦王朝酒店管理公司，已经被浙江的一个企业收购，当然还有其他的一些行为。

2014年首旅酒店在资本市场上，我们也没有太闲着，而是做了两件事，一是上半年完成了对河北一家经济型饭店的收购和重组，我们持有它70%的股权，原来的业主持有30%。本周一刚刚和浙江的南苑集团签署了战略合作协议，我们收购了南苑集团70%的股权，南苑集团留下了30%。刚才我列举了中国资本市场在2014年发生的几件事，我知道可能最近几天还会有一个爆炸性的消息要公布，可能就在20号之前吧，这个消息出来以后，可能对中国酒店业的影响也是蛮大的。而且我们看到中国目前酒店市场的重组，并不仅仅是在国内市场，实际上已经跨出国界了。我相信这种重组在2015年仍然会持续下去，因为中国酒店业现在的情况，大家都知道，不管是主动的也好，被动的也好，已经进入到一个大分化、大改组、大重组的时间窗口，它不是通过一年、两年完成的。另外全球的酒店业也面临着资产重组这样的课题。所以，我觉得在未来一段时间内，资本的力量仍然会在，我们不能说主导或者决定酒店行业的走势，但是会成为一个非常重要的因素，这是我们在研究商业思想的时候，不能回避的一个问题。

谈完了资本就是创新，"创新"这个词已经不是什么新的名词了，但是我觉得在今天谈创新，还是有特别的时代意义。两星期之前，我给中国旅游报写了一篇稿，题目叫《剧烈动荡和深刻变革中的中国饭店业》，副标题是《2014年的中国酒店业综述》。中国目前在谈酒店创新的时候，离不开对时代和市场的研究。这些年大家都在谈创新，酒店行业里也确实有一些非常微观的创新，你也不能讲不是创新，比如提高了床的舒适度，我们开发出三五十个新菜，或者我们又研发了棋牌室的功能，这些都属于创新的范畴。我个人觉得这些创新的举措还缺乏和时代的衔接，就是和市场的衔接。中国酒店业，严格地讲，除一些非常微观层面的创新，这20年我们基本上没有拿得出手的大手笔的创新，我们跟这个时代的节奏已经走得越来越远。

现在回过头来看，我们现在经常讲中国酒店业的不景气是八项规定造成的，毫无疑问，跟八项规定有非常直接的关系，但是我们回头看，15年前经济型饭店的诞生，一直繁荣发展到今天，从星级饭店分流走了大量的客源。5年前精品饭店的蓬勃发展又静悄悄地从传统经济型饭店分流走大量的客流，只不过这些客源的分流是以温水煮青蛙的方式，潜移默化完成了，我们感觉不到。八项规定的突然出台，又发生了一次历史性的剧变，市场上发生了非常剧烈的变化。

我不知道大家是否注意到一个变化，我得到的权威数字，2013年中国酒店业全行业亏损，亏了21个亿，我得到了另外一个不是很权威的数字，但是也不会特别离谱，就是OTA在头一年从酒店业拿到的佣金超过30个亿，里外我们看到假设OTA没有在酒店业榨取那么多的利润的话，至少我们在这个行业可以留下那么一点可怜的利润，实际上这个情况不存在。转过头来看，在市场剧烈变化情况下，我们的创新工作应该怎样思考和梳理，这是我们要研究的问题。任何一个微观的创新必须和市场结合起来。现在中国酒店市场是一个什么样的市场呢？应该是由50多岁的这批消费者为主要消费群体，转变到"80后"、"90后"成为消费主体，这是一个非常重要的特点。由公款消费变为更多的私人消费，由传统消费模式变成非常依靠移动互联网的消费模式。这里面出现了很多新的消费行为和消费习惯，比如说粉丝，比如说营销模式，比如说产品的差异化、个性化，对这种个性化和差异化产品的互换，而这些东西恰恰是我们传统星级饭店所不熟悉的东西。我们仍然在沿用打造星级饭店的模式去面对一个已经急剧差异化、极具个性化的"80后"、"90后"的消费市场，所以我们感觉到处处不适应。另外我们也看到了一些非常啼笑皆非的做法，比如五星级酒店卖包子，或者五星级酒店把大门打开，把客人引进来，实施大众化的消费，实际上这些创新完全没有价值。他们把我们的创新工作引入歧途了。所以，我觉得在高度强调创新的时候，必须要深入地对我们面临的已经急剧变化的市场进行研究，一些创新的思路仍然集中在面对着50多岁，就我这个年龄段，手里握有一定权力的，习惯公款消费的人，还围着他们打转转，我说这些人作为饭店的消费者已经不会来了，十年后这些人都会退休，而且这些人在五星级饭店里吃过了、玩过了、喝过了，让他们再回来用自己的钱消费门都没有。有两种东西可能会让这两种人回过头来消费，一是开发出健康延年的生活方式，还有一个是他的孙子孙女们天天跟爷爷、姥爷说，我喜欢什么东西，老人开恩给他们消费。而他们自己的消费，以这种奢华的消费方式已经一去不复返，所以我们对产品的创新模式要有清晰的认识，对于曾经手里有一批重权的人，我们瞄准他兜里钱的话，要有新的思路，这也属于商业范畴。对于马上成为消费市场主体的这批"80后"、"90后"，到底用什么样的方式适应它，讲得再入骨一点，就是迎合他。现在四五十岁的人，觉得自己的年龄段，社会经验各个方面已经积累到一定程度了，对于三十多岁年轻人的消费习惯，不要说研究，甚至对他们的一些习惯嗤之以鼻，不屑于对他们这些东西进行研究和认识，这极大地妨碍了我们的商业行为。所以，我觉得现在八项禁令的出台和由此引发的市场的深刻变化，实际为我们酒店行业的创新工作打开了一个非常巨大的空间，但是在这个空间里到底怎么操作，可能大家在认识上还没有形成一个比较好的商业思想，这会阻碍我们创新，这是第二个工作。

最后是改革。中国现在这些企业，包括我们首旅酒店，是国有企业，尽管是上市公司，但是仍然是国有企业，我们面临着非常严峻的改革任务。比如说我们的治理结构需要改革。所谓治理结构改革，就是上市公司和大股东的关系如何理顺，如何建立起更加适应市场竞争需求的现代企业治理结构，这是我们面临的一个非常突出的问题，不仅仅是我们一家上市公司，几乎所有国有控股的上市公司都面临着问题。其次，我们的用人机制，我们是上市公司的体制，但是在机制上还是非常传统的国有企业的用人机制，这个机制是不行的，必须要改革，其目标是人能上能下，人能进能出。这个话说起来容易，但是要实现这个目标必须下大力气。最后，就是和业绩相匹配的激励和约束机制。另外还有其他方方面面的配套措施的改革。

总而言之，国企特别是国有上市公司的这种改革，一定是和人、权力再分配及激励机制紧密结合在一起的。但是，我感觉现在这个时机比较好，整个国家大的改革环境和各级国资监管部门对于国有企业改革的要求，进入了历史上比较好的时期，所以，希望还是很大的。我们首旅集团最近也在认真地研究改革的事情，就是要切实地把上市公司做得像一个真正的上市公司。但愿明年我们有更多利好的消息传出。

谢谢大家。

商业思想与携程发展

携程集团高级副总裁　李小平

非常感谢有这个机会跟大家分享商业思想。我今天主要给大家分享携程理解的商业思想以及与客户和合作伙伴分享的一些思想。在100年以前或者20世纪，商业思想主要是指一个企业公司追求财富，达到个人价值。刚才各位老总也介绍了商业思想。今天作为我们公司来说，商业思想是独创的、有洞察力的。因为我们作为一个服务平台，以精益管理来打造一个全方位、一站式的旅游服务平台，携手成就精彩人生旅程，这是我们的一个总体思想。就是让所有的大众能够分享我们这个社会发展的成果，参加旅行、旅游，能够带来更多的愉悦。我们是以精益服务的思想来做这件事情。

一、为旅游者提供全方位的品质服务

我们对业务的理解，对旅游方面的业务理解，不管是航空、酒店，包括旅行、旅游，我们一直在深度地研究。戴斌院长前几年在我们公司做过几次讲座，对我们也深有启发，在理论上有了更多的认识。今天这个论坛也有其他的老总在谈这个问题，包括商业模式，包括航空公司是不是全部都是零佣金，酒店佣金可能也付出很多，也谈及了这个问题。但是我们的理解，就是让我们的客户能够享受最好的服务，我们是从整个一条线上理解的。

刚才大家有提到零团费。零团费，我们的理解是什么？为什么我们携程没有零团费，是不是说迎合客户从一个产业链上都要迎合客户，而不是在一个节点上，或者在一段上迎合客户，这是我们对一个产业的理解。如果我们一家人去旅游，参加一个零团费的旅游，他带你到一个商店里去，你根本不想买，而且会发生媒体上大家看到的，一定会很不舒心，甚至你买的东西，可能不是很希望的，因为对当地地接而言，你没有这个消费，他不能持续这个业务。所有的服务都是有付出的，有付出就有成本，有成本就是应该由消费者购买的，这是一个最基本的经济原理。如果你把这个打碎了，把你关在一个店，逗留两个小时，我没有问题，我是一个学生，时间相对宽裕，但是如果一个团30个人，都不买，或者都不喜欢这些东西，可以想一想，接下来的服务体验，我就不用多解释了，大家都能理解。所以服务是有价值的，也是有成本的。我们公司的商业思想精益服务，是要全方位地打造服务来满足我们的客户。在这个思想指导下，我们就形成了以客户为中心的商业价值。

大家都理解，每一个公司都会说以客户为先，客户是上帝，原来都在这样讲。这个思想的转变，在我们公司其实也是有的。15年前，携程主要在机场发会员卡。我们的目标市场是什么？或者我们当时的思想是什么？就是中高收入的人群是我们的服务对象。大家都明白，十几年以前经常坐飞机的人，我们认为是中高收入的，可能到今天也是这样一个概念。我们如果要实现携手成就精彩人生，就必须服务大众，高中低收入的人群都是我们的服务对象。在这个商业思想指导下，大家就能看到携程近几年的变化，服务于什么？我们的产品是全方位的。我们服务于中高低所有的旅游消费，而且我们不断地在创新，引导这些消费者，使他们能够在整个人生的旅途中有一段很好的记忆，我参加了携程的一个旅游项目，或者一个什么项目，给他留下一段美好的体验。这就是我们对市场、对社会的一个价值。

全方位地为旅游者提供有品质的服务，这是我们一直努力追求的。我们不会在一个产业链上，比如说航空公司的机票，其实由于统计的关系，作为中国航协、中国结算中心来看，携程肯定是最大的。航空公司在中国的销售平台上，携程是最大的，这是肯定的。如果航空公司说都不收服务费，国外也有很多公司是这样的，但是国外公司在海外有一个服务费，在美国和欧洲大家买一张旅行券，会收20欧元，50美金，这是很成熟的市场，你可以到航空公司的官网，也可以通过其他的途径，可以通过比较到A公司买，到B公司买，到航空公司买都可以。我们说这个行业到今天为止，互联网也好，无线互联网也好，IT技术发展到今天为止，全球大部分的航空公司，都通过它自销，通过它的分销渠道进行销售，这是一个很成熟的模式，至少目前为止还没有人来颠覆。

我们都知道LCC，低成本航空公司，肯定是不付给佣金的。但事实上，社会在发展,用户在发展,IT技术在发展,去年在伦敦的LCC会议上,原来LCC低成本航空、廉价航空公司有一个特点就是不参加全球的分销系统。但是今天来看,很多LCC都加入了分销系统。中国的中航信也在发展。所以没有一成不变固定的东西,要结合市场来看这个问题。说LCC低成本航空公司没有佣金,我可以告诉大家,全球的LCC航空公司,至少50%以上,我们都是跟它有合作关系的,都有佣金的。我们卖出一张票,要讲服务的,航班取消了,航班的退改签,还有其他的一些变化,我们都要跟着后续服务的。但是,我刚才说了,服务是有成本的。航空公司,如果我们说航空公司觉得没有价值,它也可以不付。航空的市场营销渠道,是航空产品的一个延伸,航空产品销售的一个延伸,也是它的延伸,是它的整个销售体系的一部分。如果这个部分没有代理来做,它自己做,也是有成本的。事实证明,自己做的成本,一定比代理公司的成本更高。这是三四十年证明了的问题,我在很多会议上都讲这个问题,反复讨论。我做了近二十年的航空公司,再到携程。我觉得对于这个业务的深刻理解,就指导了我们今后的发展。

今天互联网、移动互联网不断升级,技术的发展为我们向大众提供便捷服务创造了条件,无论是便捷的大交通服务、酒店预订、团购、租车,以及高端邮轮,各个层次的产品,我们都在提供服务。以客户为中心的理念是我们商业思想的一个最主要体现。

二、确定伙伴式的合作共赢模式

大家知道三五年前,携程是自产自销,自己跟航空公司、酒店等合作,旅游产品自己生产,自己设计,自己卖。到了今天,随着"80后"、"90后"旅行需求的变化,我们的发展模式也在变化,我们前年开启了携程开放平台战略。开放平台战略就是向全球开放,而不是向指定的一些领域开放。不管是航空、酒店,还是旅游,所有的产品,我们都是开放的,包括租车,谁愿意做,都可以在我们的平台上,利用我们的技术给他们提供一个充分的展示,也让他们实现其价值。

携程平台战略最大限度地满足了各个层次的市场需求,同时也体现了与合作伙伴之间新的商业模式的创立,新的IT技术,新的大数据挖掘技术,与所有的合作伙伴共享。同时,也包含了合作伙伴跟携程的一些价值观的分享和利益的分享。在我们这个平台上，不管是酒店还是航空公司，现在我们航空公司直销的产品在携程上到处都有，包括春秋航空，包括亚航等低成本航空，也包括国内外的航空公司，这是真正的分享。我觉得商业思想中有一点很重要，就是分享，就是不可能一家独大，也不可能一人吃天下，我们要充分地分享。

我们相信，随着这个分享，人与人的沟通，信息的获取，对于供应商也好，对于消费者也好，对于携程也好，都能够获得利益，一定能形成多赢的局面，对中国旅游行业的健康发展也是有积极推动作用的。事实证明，携程仍然保持着非常高速的业务发展。

未来，携程一定敢开门和大家一起合作，和合作伙伴分享我们的精益思想，分享我们的IT技术和大数据。在商业思想指导下，提供便捷、可靠、专业、诚信的服务，同时跟我们合作的伙伴分享我们的理念和工作方式，包括一些具体的项目管理、六西格玛等，共同推动整个旅游行业的健康发展。携程在服务上面，对外郑重承诺，就是一应俱全、一丝不苟、一诺千金。

最后，我坚信携程一定能成为世界一流的旅行服务企业，为中国的旅游业发展做出应有的贡献。

谢谢。

打造旅游企业升级版、寻求发展新常态

国旅集团副总裁　陈　荣

谢谢主持人。下午发言比较辛苦一点，会议的容量很大，很多人已经疲倦乏困了。这个题目又很大，我跟大家简单交流一下，因为给的时间很有限。非常应景的一个题目，打造旅游升级版，寻求发展新常态。旅游企业转型升级，我们都在谈，从哪些方面来转型升级，怎么来转型升级？转型升级，第一个方面是改革，第二个方面是发展，第三个方面是管理。

一、旅游企业如何改革

从改革的方向看，我们怎么升级？从改革的角度，核心的升级是从国有控股企业向民间资本控股的混合所有制转变。简单地说，我们现在按照十八届三中全会的精神，要全面进行混合所有制的改革，国有企业为什么要进行混合所有制改革，不改行不行？不改我觉得碰到一个好的领导人也行，但是有些机制能解决得了，有些机制解决不好。像中央企业，有些企业干得非常好，非常好的大前提是领导人非常优秀。也有一些企业干得不太好，不太好可能是多方面的原因。实际上我们企业发展中，有几个机制是必须解决的。第一是激励约束机制。解决领导人愿不愿意干的问题；第二是选人用人机制，解决能不能干的问题；第三是投资决策机制，解决怎么干的问题；第四是运营管理机制，解决怎么干好的问题。这四个机制里面，后两个机制只要企业领导人有本事，都可以解决得很好，投资决策可以做得很好，我们可以看到包括华侨城在内的国有企业都做得很好，为什么呢？首先投资决策好。运营管理也都很好，这个只要企业领导人有本事，都可以做到。但是前两个机制做不到，激励约束的问题，选人用人的问题，尤其领导层面做不到，班子不是他定的，按照市场化的激励方式，他做不了，所以混合所有制，我个人理解，核心是要解决这两个问题。

这两个问题解决好了以后，可能会对企业进一步发展奠定比较好的基础。要解决愿意改、愿意干、有能力干这几个问题。如果这几个问题解决不了，我们的"混改"也不可能走向成功，这也是目前国内的一个热点，包括发改委、财政部等都倾入了大量的人力物力来研究这个问题，下面也要分类和分层次进行改革。

在改革这个问题上，混合所有制走出去了，新的常态是什么呢？本领恐慌，完全市场化以后，真正的见本事的，能不能有本事干好，这将成为一个新常态，这是从改革方面来讲。旅游企业的升级版是从国有控股向民间资本控股的混合制改变。

二、旅游企业如何发展

发展的转型升级是一个什么状态呢？传统旅游企业的发展，更多地依靠什么呢？业务的增长，或者少量的对外投资，在现在新常态下面，靠什么来增长，可能依靠自我发展向充分利用资本市场进行战略并购转变，这一块我们可以看到，旅游企业这几年有不小的发展。但是总体来看，发展速度不快，尤其大企业比较少，包括我讲的20强，应该说都有不小的发展，但是我个人觉得发展的速度还没有进入一个特别快的增长期。这里面很核心的一个问题是，没有采取国际国内有效并购的一些手段，用得非常不充分。所以，下一步的发展，刚才讨论了产业资本、渠道资本的问题，可能旅游行业里面会成立旅游并购基金，这可能是一个很重要的方向，通过旅游并购基金来推动旅游资源的整合。当然成立旅游并购基金后，基金如雨后春笋，我们的目的是进行产业整合，而不是进行市值管理。如果我们成立的目的是进行市值管理，而不是进行产业整合，它就起不到应有的作用，整合主要是整合新的能力、团队、知识、财务和客户，从这些方面进行整合，就可以在新的层次上得到更快速的发展。

第二个新常态是资源整合将成为新的常态。我们今后可能会是一个什么样的格局呢？客源＋资源＋人才，构成了源源不断的利润源，这是从发展的角度来讲，升级的很重要一个方面就是从自我发展向并购进行转变。

三、旅游企业如何管理

从管理的角度讲，都是重视财务指标，由注重绩效指标向提升核心竞争能力的转变。这一点我个人的感受是非常深的。2013年，所有的央企财务评比，国旅的财务指标排第一名，应该说是很好的事情，但是企业健康比财务指标更重要。一个企业如果没有持续性发展的能力，而仅仅表现在财务结果好，只能是好一时，不能长久地好。所以，我们要打造企业的核心竞争能力，关于这点有三个方面值得关注。对旅游企业来讲，第一是客源。这里面有几个细分能力是需要强调的，首先是全渠道的大数据分析能力；其次是基于多种因素考虑的旅游需求分析能力、预测能力；然后是产品规划的能力；再次是数字化营销的能力，最后是定制化服务的能力。可能这几个方面都需要我们从客源的角度进行锤炼。

第二是资源。资源主要包括两个方面，首先是集中采购的能力，其次是供应商的深度合作能力，最后是运营能力。运营能力主要体现在精细化管理方面，体现我们运营管理的水平，主要表现在灵活、有弹性、低成本。企业文化是能力建设的有效保障，下一步发展的一个新常态，能力提升将成为我们发展的一个新常态。

我跟大家分享得很简短，就这么三个方面，从改革、发展、管理这三个方面提出了我们过去的一些形态，也提出了经过努力之后，我们要打造一个新的形态。

谢谢大家。

商业思想与万达的旅游发展之路

北京万达旅业投资有限公司副总经理　徐道明

非常高兴能有这样一个机会把万达集团进入文化旅游产业的商业思考跟各位领导作一下分析。对于旅游产业来说，万达集团是一个新兵，在地产领域万达集团应该说一骑绝尘，在国内找不到竞争对手，今年应该会成为世界上最大的商业持有者。在这样一种情况下，万达集团为什么要进入旅游产业？进入旅游产业之前，万达集团也做了很多调研，首先是对国外的房地产发展史做了一些研究。国外的房地产发展有50年的历史，中国从改革开放到现在发展了30多年，按照发达国家的房地产发展规律，中国还有10年左右的发展时间。另外是参考发达国家房地产的发展历程，通常城市化率如果达到70%，作为房地产业，它的发展潜力会变得越来越小，而在中国城市化率达到50%左右，所以作为房地产企业来说，发展空间变得越来越小。在这种情况下，万达集团被迫要做一些战略转型，战略转型的考虑是从商业地产转向文化和旅游产业，通过大量的研究，感觉文化跟旅游产业应该是一个没有天花板的产业。

一、商业思想对产业发展的价值

每一个伟大的企业家肯定有其伟大的商业思想。所谓的商业思想，是对企业实践具有普遍指导意义的思想，优秀企业普遍适用的规则都是其商业思想的提炼和深刻阐释。伟大的商业企业之所以能够最终取得成功，与创始人匠心独具的商业思想是分不开的，是企业家和经营团队穿透纷繁复杂表象的深邃的思想力。商业思想的一大价值就是通过提出正确的问题，促使人们进行深刻的反思，发现可以开创蓝海的财富之门。刚才戴院长做了一个很形象的比喻，北大保安提了三个问题。对于从哪里来,万达集团感觉旅游产业是一个没有天花板的产业,所以要进入旅游产业。20世纪最伟大的商业思想家德鲁克,他讲商业思想是解决企业的问题,要知道问题存在什么地方。万达进入旅游产业,也在考问,目前的旅游业、旅游行业、旅行社存在哪些问题。因为万达进入这个产业,把旅游业看作是朝阳产业,所以要进入。但是,进入过程中也感觉到这个行业存在一些问题,这些问题需要万达进入,必须要解决,到底存在哪些问题。

二、我国旅游企业发展面临的问题

1. 市场集中度低

现在国内旅游行业存在规模小、产业集中度低、管理不规范,与国际大型旅游集团相比还有很大的差距。全国2.6万家旅行社,一年营业收入不过3000多亿元人民币。而我们的近邻日本,虽然比我们小得多,人口规模,整体市场比我们小得多,但其最大的旅行社交通公社占到日本旅行市场16%的份额,而国内最大的国中青占的市场份额也不超过5%,应该说这个市场的集中度很低。刚才公布了国内20强旅游集团,应该说20强都是国内旅游企业的佼佼者,但是与国外的旅游集团相比还有很大的差距。即便是携程,它的市值非常高,现在达到90亿美金,但是和国际一些大的在线旅游企业相比,也有相当大的差距,这是我们感觉到的第一个问题。

2. 利润率低

第二个问题,这个行业的利润真的非常低。具体到旅行社,根据去年国家旅游局发布的一些数据,行业的净利润率大概是1%左右,其中包括了旅游集团非旅游业务带来的收入,比如说国旅涉及的免税业务等。中青旅发布的半年财报,上半年的净利润是1.92亿,其中乌镇景区占了1.7个亿,应该说大部分的收入还是来自于非旅游行业,这是一个情况,利润率非常低。大家看到最近公布的网上第三季度的财务数据,除了携程盈利2个亿以外,其他的在线旅游企业都是亏损的,再次说明这个行业的利润真的非常低。

3. 电商对传统旅游行业的冲击

电商企业、线上对线下企业带来致命的冲击。大家都关注一个数据,刚刚过去的"双十一",仅阿里一个平台,24小时的交易额达到570个亿,去年是360个亿,销售额突破10个亿,仅用了2分53秒。更为重要的一点,刚才很多企业家谈到互联网思维,其对传统旅游模式将形成颠覆性的冲击。也许我们最大的竞争对手不是来自同行,不是来自身边的企业,而是来自外部竞争者。电商对传统行业带来极大的冲击,这也是我们进入旅游行业之前做的一些市场分析。

三、把握商业趋势,推动产业发展

面对这些问题,万达集团进入这个产业,必须要把握市场发展的趋势,掌握这个市场到底需要什么,这样才能真正建立符合这个市场要求的旅游体验。市场到底需要什么?美国学者克里斯·安德森提出了长尾理论,认为过去人们只关注曲线的"头部",而将处于曲线"尾部"的人或事忽略。现在市场发展的趋势告诉我们,未来的发展不在热门产品,不在传统需求曲线的头部,而在于需求曲线中那条无穷长的尾巴。目前从很多企业的实践看,最大的收入、最大的利润来源,不是一些主流的业务,而是来自于细分市场的业务。细分市场带来大量的利润,而且这些细分市场在以前往往是被忽视的。

有一本书叫《世界是平的》,位居亚马逊畅销书排名第一。《世界是平的》这本书提出两个观点,一是国际间的疆界将被抹平,二是产业间的壁垒将被打破,就是说本来有优势的企业,面对新技术的冲击,在新的市场环境下,它以前的商业壁垒都不存在了,大家都站在同一个起跑线上,整个世界和整个产业变成一个平的。

还有一点需要关注的是市场趋势,我们已经进入一个微利时代。微利是商业的本质,创造新的需求,才是微利时代根本的成长道路。作为一个企业来说,去哪儿的庄总讲到企业不考虑赚钱,不考虑赚钱是不对的,企业归根结底还是要赚钱的,但是摆在我们面前的一个事实是,现在的企业确实进入微利时代,微利已成为一种商业的常态。

作为旅游企业,我们以前很多是设计产品,推向市场是 B2B,通过渠道或者 B2C 推向我们的客人,但是现在市场更多地应该考虑客人需要什么。C2B 和 C2C 应该是未来发展的一个趋势。C2B,客人的要求对我们企业提出新要求,还有一点是作为旅行社,包括线上和线下,更可怕的一点冲击,客人可能更多会越过这些中间商,越过渠道商,直接找到目的地去。现代的商业思维,就是要发现顾客的"痛点",来引爆消费。

此外，要关注大众消费群体的市场需求。简单一点，现在有一个大家常用的词叫"吊丝"，其实庞大的阿里集团就是靠这帮人在支撑。这帮人看起来工资收入没有多少，就像刚才铂涛老总说的，只要我喜欢就不在乎花多少钱，这部分大众群体是需要重点关注的。庞大的关注"产品价格"顾客市场的存在，决定了寻找新的消费模式在未来至关重要。

现在是后工业化时代，后工业化时代表现为两个特征，一个是慢生活，一个是深体验，不管我们做的旅游项目还是旅行社设计的产品，我想如果能把握住这两个趋势的话，慢生活、深体验，就肯定会有市场。大家看到我们身边很多年轻的白领，周一到周五，是公司的"白骨精"，到了周末和节假日，就是流浪街头的吉卜赛的感觉，就是体现这样一种慢生活、深体验。这几点是对市场发展趋势的一个预判。

四、万达集团的旅游全产业链商业模式

在这种形势下，万达进入旅游产业，打造自己的旅游集团，要打造一种什么样的模式？第一，就是打造以观光、休闲、度假为主的文化旅游项目，满足多样化、多层次的旅游消费需求，即打造旅游全产业链。万达打造的第一个项目是长白山国际度假区，开业三年了，它的冬季主打是滑雪，开业第一年人数达到8万人，去年达到15万人，今年预计超过20万人。8万人、15万人，对于一个大城市来讲不是很多，但大家知道亚布力在中国推广了十几年了，每年去滑雪的人数不过6万人，万达滑雪场第一年就达到了8万人。应该说真正符合了中高端度假需求。万达集团同时在建的文化旅游项目有十几个，包括青岛、哈尔滨、无锡、南昌、合肥、广州、桂林、西双版纳等，应该说每个项目都有自己不同的特点，但是市场提供的出发点，就是满足多元化、多层次的旅游消费需求。

第二，构建覆盖国内海外、线下线上协同发展的旅行社网络。非常荣幸，刚才在戴院长宣布的名单当中，万达旅业也进入到旅游20强。万达旅业2013年10月刚刚组建，到今年能够进入旅游集团20强，真的非常荣幸。我们采取的是并购为主的方式，到2014年年底，在全国已经并购11家旅行社，到2015年会达到15家，后面的并购，包括在海外的，也包括并购一些线上的企业，要构建一个国内海外线下线上一体化的旅行社网络，万达并购旅行社的目的是什

么呢？文化旅游项目要做一个资源的整合，做一个营销的平台，做一个服务接待的平台，这是我们建旅行社集团的一个主要目的。

第三，打造特色鲜明、艺术水准高的专场剧目，发展主题公园，打造具有自主知识产权、民族品牌的文化旅游项目。

万达的酒店以前都是委托国外的几大酒店管理公司在管理，从2012年开始成立了自己的酒店管理公司。预计到2020年，万达集团自主持有的酒店将突破200家，万达集团正在培育具有自主知识产权和民族品牌的酒店管理公司，万达酒店将成为能与国际品牌相抗衡的民族品牌。现在，我们有高中低档三个酒店品牌，将在十多个国家城市布局，立志成为世界豪华酒店的代表性企业。同时万达将进入演艺市场，2014年12月20日将有两个世界级的世界娱乐项目"汉秀"和"电影乐园"在武汉盛大开业，这是万达集团创新并拥有知识产权的顶尖高科技娱乐项目。伦敦奥运会的艺术总监看过汉秀的排练，他说12月20日之后，世界上最伟大的演出就是这个。万达打造的演出，这种演艺项目是高层次的演出，并且万达都拥有完全的知识产权。

最后，万达集团将本着协作、融合、共赢的主旨，希望与国内外的同行一道，实现对更多资源的掌控，打造影响未来旅游业走向的生态圈与旅游产业链，真正推动中国旅游业做大做强。

谢谢大家。

从媒体角度看旅游产业发展

百度营销咨询部总监 商 瑜

感谢大家下午还有时间和精力来听我的演讲,因为确实很辛苦。作为百度,怎么来看这个题目,当时戴院长给我留的题目其实也很难,我作为一个非旅游业内的人士怎么看,我今天和大家分享的更多是从媒体和第三方的角度怎么看旅游产业的变化及我们能够做一些什么事情,对这个产业进行一些服务。

首先,我想说的是,势头有变化。从一个第三方媒体平台的角度看旅游业,我觉得旅游业是一个变数非常巨大的产业,它每天都有不同的变化,每天的新闻,可能旅游的新闻是最多的。另外,刚才也说到很多"80后""90后"这些新生代网民在不断地成长,逐步成为旅游消费的主要人群。这些消费人群,他们对旅游服务有了更多新的要求和挑战,我们用什么方式来承接和应对。

既然是媒体,我要看我的位置在哪里,从上午到下午,我们更多的是看到产业链上游的一些企业通过分享或者说思想的改变告诉我们新的变化。我们在哪儿呢?我们是所有媒体平台中离消费者最近的一个平台,我们直接面对消费者,直接进行传播和对话。在整个桥梁作用当中,无论旅游的上游、中游,我们都起到这样一个桥梁的作用。此外,从整个消费者的接触圈,我们看他们都关注什么。对一个游客来说,他决定去一个地方旅游,会有很多媒体对他产生影响,无论是视频,还是在搜索引擎上检索相关的图片,都可能对他的整体决策有帮助。我们也看到,在整个产业链里面,信息的搜索,垂直搜索的比价,包括点评,都对旅游产业链具有推动作用,如图1所示。

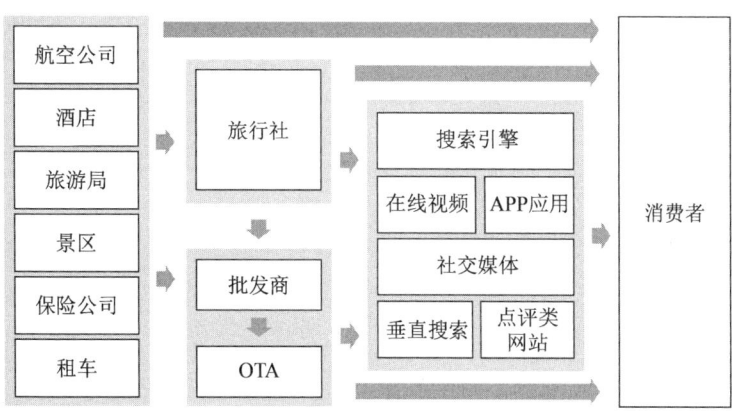

图 1　旅游产业链

我们百度大家族（见图 2）中，在视频里面有爱奇艺，搜索里面有搜索引擎，在"垂搜"里面有我们战略投资的去哪儿网，同样在点评和社交网站里面，我们有百度贴吧和百度旅游频道，都能够对整个产业链进行支持。这里面所讲的移动端为什么没有单独写，因为我发现所有的企业都在走移动这条路线，这个恐怕是不能穷尽地摆在这上面，这是我们所看到的一个整体的媒体平台的情况。

图 2　百度大家族

近年来,百度的整合营销也发生了变化。2008年百度的第一个客户是国航,中国国际航空公司,开始了它的电商服务。这是我们百度迎接的第一个大的客户。现在从国航、航空公司、酒店到整个OTA的平台甚至旅行社,都不断地和百度取得联系,进行它们更多新媒体的推广。从搜索端的角度来讲,我们更多的可能不只是用鼠标搜索信息,而是用手机搜索更多的信息。另外,从2013年起,百度也有一些资本运作,推动了整个行业的变化。

另外,旅游市场是什么,我的角度来看其实是一场战争,看到最多的关键词是这几个字、价格战、并购战、国际战、移动战。下面我会和大家分享,因为这部分更深入的是我们旅游行业内的一些新闻以及一些新的消息,我是作为第三方的解读。

一、价格战

2012年7月9日,携程高调宣布投入5亿美元开展低价促销,促销活动从7月起持续一年时间,涉及酒店、机票和旅游门票等。随后艺龙在其官方微博上公然宣战,从而拉开价格战的序幕。之后芒果网宣布投入8000万元现金补贴,同程网也豪掷9000万元参战,去哪儿网宣布投资约2亿元打造旅游智能化服务平台,悠哉网也推出"八周年全场让利8000万"。2013年5月携程强势推出"60天返1000万"的大规模促销,这也意味着OTA领域价格战再次升级,蔓延至除酒店、机票外的另一核心业务上。这次价格战蔓延至"门票分销"领域,使得一向不太安稳的在线旅游市场再次引来业内一场哗然。2014年2月4日,携程发布了旅游客户端6.0版本,同时携程CEO梁建章表示,携程在在线旅游市场没有直接的竞争对手,未来携程将出资10亿元人民币来打价格战,推出不同档次和领域的零利润旅游产品。

所谓价格战,价格真的是全部吗?作为媒体来讲,有了价格战之后它们会投入更多的精力在媒体上。作为消费者来讲,通过资本的方式获得更多低廉的价格,一元门票,能够对我进行第一次出游或者我某一次出游决策进行引导。价格战对于企业来讲真的是价格的问题吗?从2012年到2014年,我发现每年都在不同的时间听到价格战这样的噱头,大家在这个里面做什么事情呢?我想应该不只是价格这件事情,更多是从市场的角度来看。这里面我看到的应该是整个盈利模式的转变,就是更多的传统的既得利益的模式,融入了更多平台化的思想,这是我看到的一个转变,这里面也有一些代表性的企业,其实这些代表性的企业，用传统的一些理念革了自己的命，自己做了一些创新，吸取平台灵活的模式，做到全产业链的布局，这是我们看到价格战背后的一点。但是价格战背后的另一点是什么呢？从整个对内对外，对一个公司的影响力来看，其实也有不断的变化。比如营销的变化，因为我是做营销的，我能看到的营销变化是什么？刚刚听携程的李总讲，携程最初是在机场布一些人员进行发卡的模式，这是一种传统的营销模式，传统的宣传手段。价格战之后，我们发现企业可能会把更多的精力转移到线上，通过一些精准的营销方式，把钱花在更有价值的地方，然后通过这种方式进行营销的转变。

另外一点，我们可以看到这种价格战的背后，对人才激励的方式也是有变化的。比如说采用非员工持股的方式，激励人才的一些竞争。同样，这里面还有一些公司结构，包括业务转型的一些变化，我们可以看到每一次价格战的背后，一定是某家公司推出新的业务线，某家公司推出新的产品来进行价格战的宣传。这是我所理解的价格战。

二、并购战

我们说这个市场的热钱真的很多，整个 2014 年能看到的投资事件列数，从 2006 年、2007 年，对整个旅游行业的投资，一年只是一两次的投资，到 2014 年 9 月短短几个月的时间有 120 亿元人民币投资到旅游业当中来，投资次数有 84 次（见图 3），热钱不断涌入，来引爆这个市场。

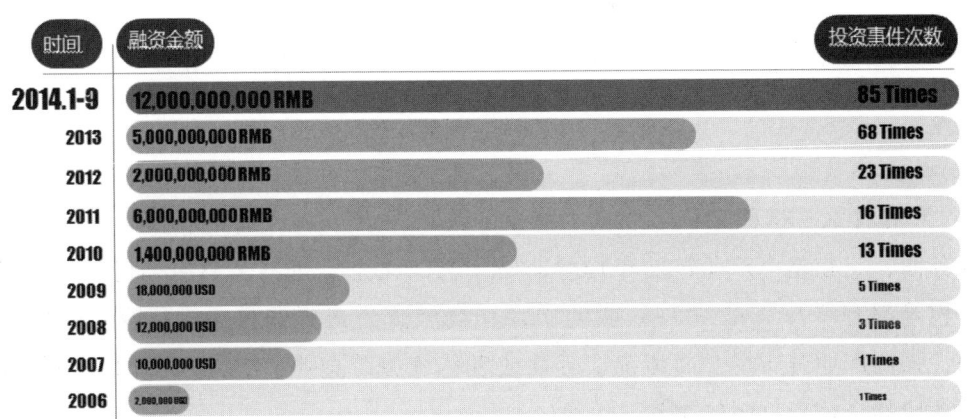

图 3　2006—2014 年旅游行业投融资事件频数

从另外一个角度看,刚刚所说的这些大的互联网企业,它们有没有一个旅游的梦。这里 A 指的是阿里,B 是百度,通过去哪儿和去啊的成长路线(见图 4),可以看到,更多的 BAT 的企业在转向我们的旅游梦。从去哪儿营收链角度来讲,之前也是做平台,现在既有机票、酒店这样的模式,还成立了目的地营销部门,这其实也是做更多景区的渗透。另外,2014 年 6 月,去哪儿刚刚收购了一家东南亚的打车 APP 公司,这也是丰富产业链。大家拿起手机看一看去哪儿或者携程的 APP,可以看到它的业务链在不断地增加,模块在不断地贴近。另外从渠道来讲,我觉得渠道更多是往境外走,因为它所有的收购都是从境外的方向入手,从境外的一个攻略平台,包括需要达到境外的签证服务。2014 年 5 月的时候,去啊也收购了第一家 B2B 国际机票平台。这是我们所说的 BAT,其实也是在做这样的梦想,也在侵蚀旅游这一部分的盘子。

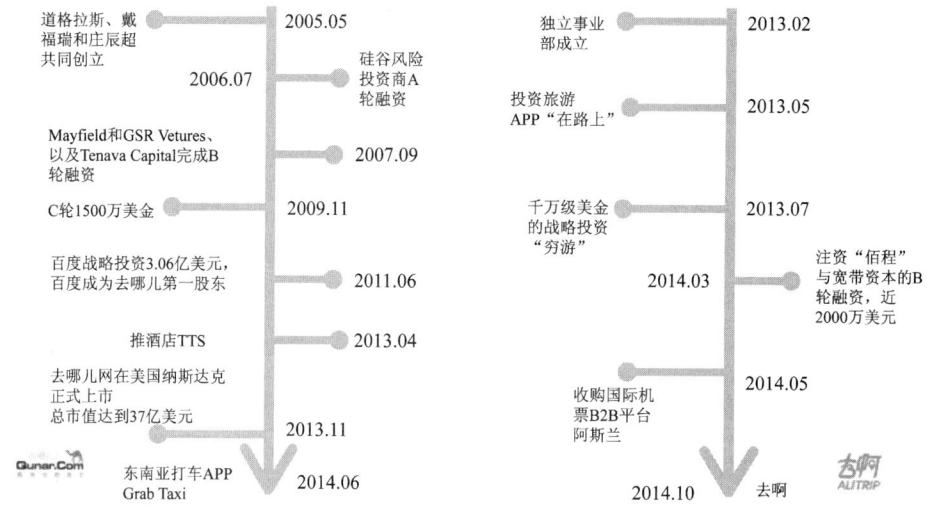

图 4　去哪儿与去啊的成长路线

C 是什么?携程完全可以成为有竞争力的平台公司,而不仅仅是一个中间服务商,它在整个产业链的布局都非常完善。无论是机票、酒店、租车、在线短租等都有涉及(见图 5)。收购中,在线旅游公司更偏重于进行产业链的收购,强调产业链布局。而传统旅行社或者传统旅游企业,更偏向于同业内的收购,比如众信和竹园的交易,等等。

三、国际战

海外 OTA 对我们窥视很久了。这里有一组数据，2013 年，中国的在线旅游市场交易额是 2500 亿元，市场渗透率为 8.6%，美国的在线市场交易额是 1800 亿美元，市场渗透率是 50%。从市场渗透率的角度看，中国的旅游市场有相当大的发展空间。从整个交易额来讲，我们也有不断增大的趋势。

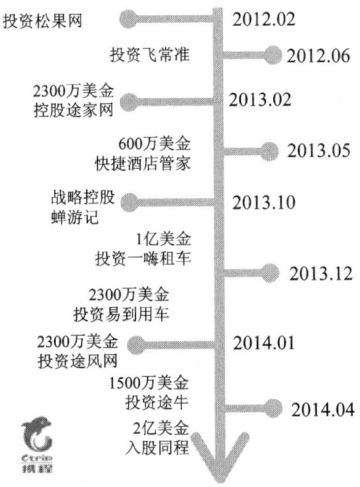

图 5　携程产业链布局

当企业获得了更多的利润时，才会把更多的钱投向于广告进行相应的宣传，得到更多的一些内容。如图 6、图 7 所示，从中国和美国旅游企业的在线广告投放看，美国 2014 年同比增长是在 20% 以上（见图 6），中国旅游企业在在线广告投放方面的增幅已经超过 50%（见图 7），可以看到更多的企业愿意去做这部分的投资。

还有个例子，2014 年，Priceline 集团对谷歌的广告支出达到了 15 亿美元，Expedia 集团在谷歌的广告支出是 10 亿美元，谷歌在全球的用户有 100 万，这两家企业加起来的贡献额占谷歌整体收入的 5%，这个数字是相当可观的。

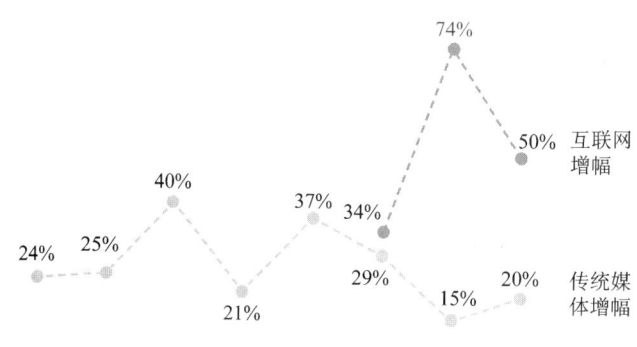

数据来源：CTR监测 艾瑞监测：网络

图 6　中国旅游行业互联网广告增长

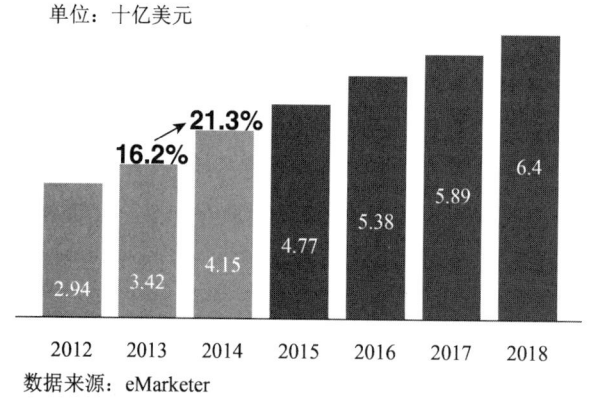

数据来源：eMarketer

图 7　2012—2018 年美国旅游业数字广告开支及预测

同样，我们看到在海外的 OTA 里面，大力进军中国市场里面都有哪些（见图 8）？这里举 Priceline 的例子，它在全球进行布局，它的心态更加开放，布局非常完善，从酒店的预订来讲，它分不同的用户因地制宜进行布局。另一家预订网站 Booking.com 始建于欧洲，更偏于欧洲地区的一些酒店预订。这两者有不同的模式，一个是预付模式，一个是后付模式。这两种收费模式能够满足不同的用户对于不同市场的需求，同样它们在机票、租车领域也都有布局，最近一条新闻可以看到 Priceline 集团收购了 Opentable，它在整个旅游产业链里面进行更多的延伸，更多地指向了产业链外延的相关投资。这些能够给我们什么样的启示呢？我想海外的 OTA 更多的是开放的心态和因地制宜、因地管理的模式。从传统旅行的角度来讲，我们应该更多地借鉴，丰富产业链条。

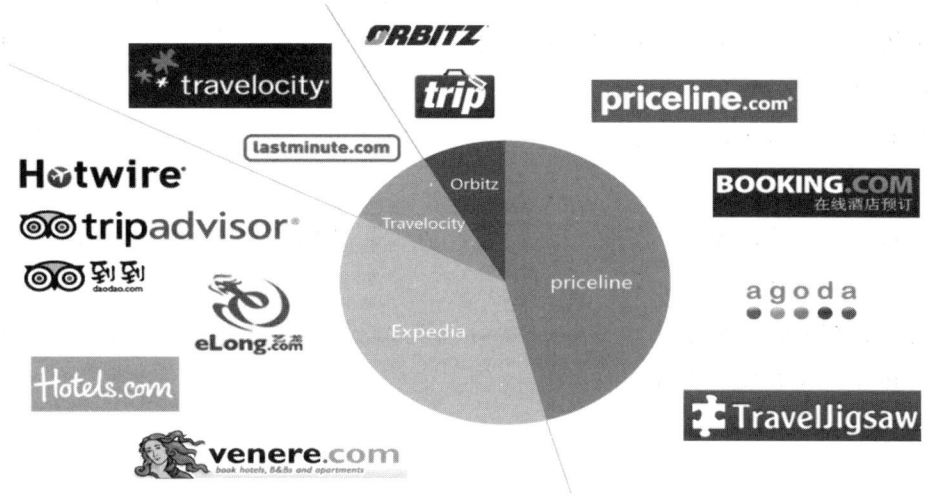

图 8　海外 OTA

四、移动战

我们大家可能都会涉及移动这部分，企业在移动端已经完成了跑马圈地。跑马圈地应该是在半年前或者一年前各个旅游公司在做的事情，但是现在所有的移动端都是旅游企业必不可少的一部分，从媒体的选择上，移动端的媒体选择也是必不可少的一个环节。移动产业里面，我们可以看到消费者其实是在不断变化的，他们的出行更多的是通过很灵活的方式，比如说数字化，对他们会产生很多的影响。在旅游过程中需要更便捷的服务，就服务来讲，能不能在每一个环节中进行对照，每一个环节都能得到满足。无论是去哪儿还是携程，在无线端的营收比例和增速都是比较高的。2014 年第二季度，去哪儿无线端营业收入同比增长 512%，无线营收增长在总营收增长中占 55.5%。以百度为例，2013 年百度的股票增长超过 70%，在刚刚公布的 Q3 财报当中，百度无线的收入占到 36%，无线的流量也首次超过 PC 端，成为增长最快的部分。这里其实想强调，我们迎来一个新的变局。对于这个新的变局来说，全球市场中有四成的用户是使用移动端的手机来进行搜索、研究和购买旅游服务的。

手机在旅游中发挥着更重要的作用,除了旅行中和亲人朋友的联系以外,还可以提供更多的行程信息,更多的分享,以及一些定向方式和支付(见图9)。在移动生态下,消费者也发生了不同的变化,他们需要更多的即时、体验前置、智能交互和全景数据。百度是怎样来满足这些需求的呢?无线营销时代已经远远超过了传统营销的局限。在各个产业链里面,我们都可以与消费者进行对话。百度可以用很简单的方式,@一下即可。拿起手机在百度里直接搜索@峨眉山,或者@南方公司等,百度可以直接用这种方式帮助检索你所需要的,百度可以用这个方式直接进行门票或者是想要内容的一个购买,我现在想知道峨眉山是什么样子,我@峨眉山,就能看到峨眉山现在的样子,我在一分钟之前,刚刚@了峨眉山,通过百度可以看到现在下雪的峨眉山是什么样子,实时转播,还有风的声音。

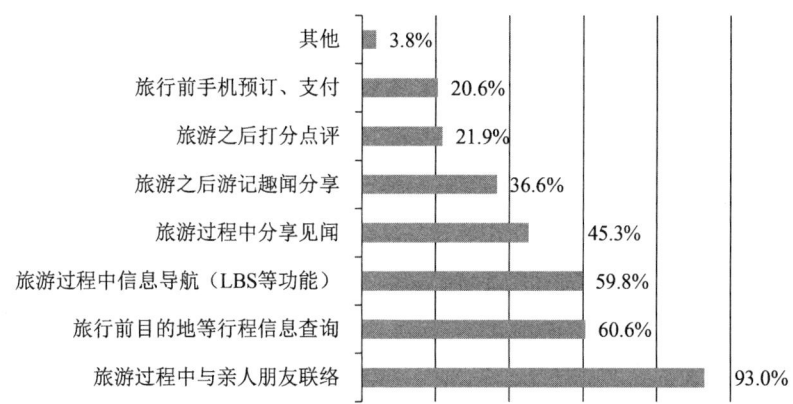

图9 手机在旅游过程中扮演的角色

从另外一方面来说,我们的服务更加前置化了,有更多的网民需要先看再去。根据我们的调查数据,有26%的消费者在去一个地方之前希望了解这个地方长成什么样子。为满足这样的需求,百度除了有3D技术,比如我们在手机里就能感受到3D全景以外,还有刚才说的云端设备进行体验,这是我们所讲的一些技术能够提升我们品牌的前置体验服务。另外一个观点,更多创新的技术可以提升用户的使用体验,这里面包括定位技术,包括语音技术,包括图像识别技术,我们都能够直接给消费者更多的创新体验。这里举的例子是说我们可以在某一个场景上定义什么样地区的人能够收到我们推送的这么精准的一个广告形式。

最后一点,除了刚刚所说的从营销模式来看营销以外,我们也能够有很全景的大数据的指导,帮我们进行整个景区未来的预测,了解未来的流量变化。另外一个就是我们也通过很多系统帮助我们挖掘更多的旅游资源特点。比如在某一个景区,消费者除了关注我们景点外,还会关注什么?通过百度大数据进行挖掘。这是我所说的几个观点。

谢谢大家。

从媒体到产业新兵

搜狐网自媒体总经理 王 旭

大家好,感谢组委会给我这样的机会在这么重要的论坛上给大家讲搜狐现在所做的事情。

我这个题目叫从媒体到产业新兵,什么意思呢?就是说作为一个媒体,搜狐做的一件事情是它作为旁观者在看这个行业和互联网,包括旅游方面的变化。但是,我们觉得,在互联网大潮和旅游行业改革大潮中,我们需要参与到变革之中,从一个旁观者变为一个推动者。所以,搜狐现在在做什么呢?搜狐是一个相对略显陈旧的互联网企业,但是搜狐还是有非常大的用户基础,每天PC端访问量有4000万人,手机端访问量大约有3000万,搜狐新闻客户端的人数大概有2700万,我们还有搜狗输入法帮我们做推广,搜狗输入法的弹窗,每天PC的弹窗大概有4000万人可以看到,在手机上面会更多,因为搜狗输入法在手机的占比更大,可能占到95%以上的份额,所以它每天有6000万以上的访问量。

搜狐现在做的一件事情就是媒体做的事情,什么叫媒体呢?要保持整个权威性,比如说这个论坛中来的人,可能每个人都是一个媒体,不说一言九鼎,也是掷地有声的人物,这就叫媒体。它保持的就是在言论方面的权威性,它能说出大家相信的话。但是,我们从产业方面来了解,这是远远不够的,我们觉得除了权威性,我们还需要有专业性。所以,现在搜狐做的一件事情就是来做新媒体、自媒体。

我们提出PGC的概念,PGC就是专业的人来生产专业的内容,然后让他自己的用户进行消费。我们怎么做这件事情呢?搜狐会邀请各位旅游专家入驻,我们会进行资格审核,如果在上面发表内容之后,会通过大数据技术来做内容的推广。我们根据自媒体的方向，对搜狐旅游频道做了比较大的改版，从原来的专题，精选之类的分类改为百科式的分类，有国内游、国外游、主题游这样的一些分类，我们希望用户来到搜狐以后，能够非常明确地找到它想要获得的内容。我们做了自媒体这件事情之后，还会保持原来搜狐的媒体效应，做广场式的推广，包括搜狐首页、频道首页、搜狐新闻的首页，还有搜狗输入法弹窗，我们都会来做相应的推广，直接对专业的内容进行消费。

另外一方面，我们做个性化推荐，我们觉得自媒体的人，他来搜狐提供内容，其实是希望自己的内容会被消费的，所以我们希望以自媒体人为中心，来形成一个个的圈子。比如说很多人想来宁波玩，就会形成宁波旅游圈，大家一起来讨论，这样就会设置一些比如订阅、推荐这样的方式把提供这篇文章内容的人和需要这篇文章内容的人对应起来。这样的话，我们整个自媒体就会从一个媒体向一个社区慢慢地发展。

除了社区我们还会涉及生活服务，这和我们现在商业思想和产业发展会比较相似。引入优质的人和优质的内容之后，我们可能会对从媒体到生活服务做一个更深入的思考。因为每天有很多人来到搜狐，他不是来看笑话的，也不是来消费碎片时间的，他是真真正正过来关心每天中国在发生什么样的事情。每天搜狐网有1.5亿的用户专门做这件事情，我们觉得从1.5亿的用户里可以挖掘出很多与旅游相关的人，让他来旅游频道看到相关的内容，通过旅游频道相关的媒体内容进行生活服务的消费，我们会做这样一个引导来把搜狐从一个纯媒体的角色逐渐地增加一些比如电商或者生活之类的服务。希望通过搜狐的一些努力，能够让旅游行业变得更好。

谢谢大家。

附录 2014年中国旅游集团20强

排名	企业名称
1	携程旅游集团
2	中国港中旅集团公司
3	华侨城集团公司
3	锦江国际（集团）有限公司
4	北京趣拿软件科技有限公司
5	北京首都旅游集团有限责任公司
6	海航旅游集团有限公司
7	中国国旅集团有限公司
8	南京金陵饭店集团有限公司
9	同程网络科技股份有限公司
10	上海春秋国际旅行社（集团）有限公司

附录 2014年中国旅游集团20强
Appendix Top 20 Tourism Groups in 2014

续表

排名	企业名称
11	广州岭南国际企业集团有限公司
12	杭州市商贸旅游集团有限公司
13	中青旅控股股份有限公司
14	开元旅业集团有限公司
15	北京万达旅业投资有限公司
16	大连海昌集团有限公司
17	安徽省旅游集团有限责任公司
18	景域国际旅游运营集团
18	黄山旅游集团有限公司
19	北京众信国际旅行社股份有限公司
20	山东银座旅游集团有限公司

责任编辑:郭珍宏

图书在版编目(CIP)数据

中国旅游集团发展报告.2014:商业思想:引领旅游集团新发展/中国旅游协会,中国旅游研究院编著. -- 北京:旅游教育出版社,2015.7

ISBN 978-7-5637-3202-9

Ⅰ.①中… Ⅱ.①中… ②中… Ⅲ.①旅游业发展—研究报告—中国—2014 Ⅳ.①F592.3

中国版本图书馆CIP数据核字(2015)第162141号

中国旅游集团发展报告2014
——商业思想:引领旅游集团新发展
中国旅游协会 中国旅游研究院 编著

出版单位	旅游教育出版社
地　　址	北京市朝阳区定福庄南里1号
邮　　编	100024
发行电话	(010)65778403 65728372 65767462(传真)
本社网址	www.tepcb.com
E - mail	tepfx@163.com
排版单位	北京旅教文化传播有限公司
印刷单位	北京中科印刷有限公司
经销单位	新华书店
开　　本	787毫米×1092毫米 1/16
印　　张	10.75
字　　数	150千字
版　　次	2015年7月第1版
印　　次	2015年7月第1次印刷
定　　价	58.00元

(图书如有装订差错请与发行部联系)